「まだない仕事」で稼ぐ方法

吉角裕一朗

ワニ・プラス

まえがき

空飛ぶ自動車に乗れる人、乗れない人

今から10年ほど前のことです。「もうすぐ空飛ぶ自動車ができるよ」と私が言ったら、１００人中１００人全員から「そんなことはないよ」と否定されたのを覚えています。ところが今、実際に空飛ぶ自動車が完成し、発売され、そして世界中に広がろうとしています。「自動車は空を飛べないよ」と最初から決めてかかる人は、固定観念に囚われてすべての可能性に蓋をしてしまいます。子どもの頃はどんなことだって叶うと思っていたのに、その夢を忘れてしまっているのです。

この夢のことを「空想力」と言います。空想力とは夢を現実にする力のことです。もしそれが可能になったとき、人は感動してたくさんのお金を払います。ですから、夢を叶える人は成功者となり、間違いなくお金持ちになるのです。逆に夢を持てない人は自分の肉体を使って毎日長時間働くだけで、少しのお金しか手にできません。

世界的に有名な自動車メーカーの本田技研工業（ホンダ）の創業者、本田宗一郎氏は小学生の頃、飛行機に憧れ、アクロバット飛行ショーを見に行ったそうです。若き本田少年は「自分も空を飛ぶ飛行機を作りたい」と思い、30年以上社内で研究を続けました。ホンダがジェットエンジンの開発をしていたことはあまり知られていませんでしたが、この執念の研究はやがて実を結び、ビジネス用ジェット機「ホンダジェット」として、世界中の空を飛び回るようになりました。

世の中には否定から入る人と肯定から入る人、これまた2種類の人がいます。否定から入る人は、最初からできないと決めつけているので、自分の脳が「できない状態」を作ってしまうのです。

例えば受験でも、「こんな難関校受かりっこない」と思って勉強するのと、逆に「この大学に入れたら素晴らしい人生が待っている」と思って勉強するのとでは目標達成力がまるで違います。「できない」と決めつけた瞬間に、脳がそれを達成するための情報を遮断してしまうので、　結局できない人生が繰り返されていくのです。

ドラえもんのポケットの中身はどんどん商品化されている

「こんなこといいな　できたらいいな　あんなゆめこんなゆめいっぱいあるけど　みんなみんなみんな　かなえてくれる　ふしぎなポッケでかなえてくれる……」

この歌を知らない日本人はいないでしょう。これは『ドラえもんのうた』というタイトルで１９７９年に放送を開始したテレビアニメ『ドラえもん』の主題歌です。『ドラえもん』のコミックは世界で約２億５０００万冊売れ、この歌も世界中でうたわれています。

この歌の中では、未来の便利グッズのことを紹介しています。未来の科学の最先端の「ひみつ道具」への憧れを歌詞に込めているのです。そして、この歌を聞いた私たちの心の中では、きっといつか未来の不思議な便利グッズを使いたいという夢が大きく膨らんでいきます。そう、ドラえもんは、私たちの夢を叶えてくれる可能性の象徴なのです。

実際、年を追うごとに人類のテクノロジーは進化し、『ドラえもん』に登場する「ひみつ道具」も毎日のように実現しているのです。

例えば、ひみつ道具「近道マップ」は近道を教えてくれるアイテムですが、今では誰も

JASRAC 出 1909463-901

が使用するデジタルツールとして数々の地図アプリが存在しています。

ひみつ道具「ほんやくこんにゃく」は、食べるとどんな言葉でも通じるようになるこんにゃくです。これもすでにGoogle翻訳が外国語の文章を日本語に変換したり、その場で文章を読み上げてくれています。しかも、世界中にある言語100カ国語以上を同時に音声翻訳できてしまうのです。また、90ページでご紹介するPOCKETALK®（ポケトーク）はポータブルな双方向のAI音声通訳機で、74の言語に対応しています。

さらに、ひみつ道具「観光ビジョン」は、緯度と経度を合わせると地球上のどこの景色でも見ることができるというものですが、これもすでにGoogleストリートビューとして存在し、私たちは自宅にいながら、世界中のどこの場所でも見られるようになりました。


この本を作るにあたり、私はドラえもんのポケットの中から出てきた道具を1つひとつ数えていきました。すると、なんと、ひみつ道具は2000種類以上にもなったのです。そして、それらを1つずつ調べていったところ、すでにその5％にあたる100種類以上のひみつ道具が商品化されたり、市販されたりしているのです。このまま行けば、あと数年以内には10％くらいのひみつ道具が商品化されるに違いありません。

今、時代は日進月歩で変化しています。そして、それを支えているのは科学でありテクノロジーです。現在から20年前にＩＴ革命の時代がやってきました。そして、そのＩＴ技術を活用して新しいサービスを生み出した人の多くは大成功し、巨万の富を築きました。そして20年後の今、まったく同じことが起きようとしているのです。

「テック革命時代」がやってきた！

本書は新しいテクノロジーを開発する本ではありません。誰かが開発したテクノロジーを使って、新しいビジネスを作り出す本です。

ドラえもんは自分で「ひみつ道具」を開発したわけではありません。ドラえもんも「誰かが開発した道具」を〝使っていた〟だけなのです。今あなたの目の前にあるテクノロジーを知ること、使うこと、そして、新しいビジネスを考えること、これが新しいビジネスを作る近道です。新しい技術を開発することは並大抵ではありません。しかし、〝新しい技術を使って新しいビジネスを作ること〟はあなたにもできるのです。

私はＩＴ革命より大きなビッグバンを作り出すこの時代のことを「テック革命時代」と呼んでいます。ＩＴ革命の10倍、１００倍の成功者を作り、そして、富も生み出すことができると思っています。

この本ではただ単に時代の最先端のテクノロジーやその進化を紹介するだけでなく、読んだ人、１人ひとりがそのテクノロジーをビジネスに使えるようになってほしいと思っています。そして、たった1つのアイデアが、もしかしたら世の中を変えるサービスを作り出せるかもしれないのです。ぜひあなたもテック革命が引き起こすゴールドラッシュの波に乗ってください。

次にテックを使って新しいビジネスモデルを生み出すのはあなたなのです。

２０１９年８月

吉角裕一朗

目次

第1章
誰でも「四次元ポケット」を使いこなせる

四次元ポケットはテクノロジーの象徴

世界に誇る日本の大人気アニメ『ドラえもん』。「ドラえもんが四次元ポケットから出すひみつ道具が現実にもあったらいいのに」と憧れたのは、私だけではないでしょう。ドラえもんの四次元ポケットには、２０００種類以上ものひみつ道具が入っています。のび太はテストの点数が悪かったり、ジャイアンやスネ夫にいじめられたり、しずかちゃんを喜ばせようとしたり、何か困りごとが起こるたびにドラえもんに泣きつきます。泣きつかれたドラえもんは、渋々ながらも四次元ポケットからひみつ道具を出し、のび太に起こるさまざまな問題を解決してくれました。

そんな漫画『ドラえもん』の連載が開始されたのは今から50年前。あの頃は、誰もがそんな未来が実際に訪れるとは夢にも思わず、ファンタジーだと信じていたはずです。

しかし、現実はどうでしょうか。

子どもの頃から『ドラえもん』を楽しく見ていた私たちが大人になった今、ドラえもんのひみつ道具と類似した商品やサービスが、この世に多数存在しています。

夢物語だと思っていた未来の世界に、私たちは今、生きているのです。私たちはドラえもんが誕生した22世紀より100年も早く、四次元ポケットの中身を使いこなして生きています。今はまだ未開発のひみつ道具も、テクノロジーの進化によって間もなく実用化されるでしょう。それくらい速いスピードで、テクノロジーは発展しています。

四次元ポケットの中にあるひみつ道具は、まさにテクノロジーの象徴。今、この世の中では、テクノロジーを活用した新しいビジネスがたくさん創出されています。

世の中の商品（サービス）は、既存の技術（ビジネス）と新しいテクノロジーの組み合わせにより、どんどん発展しています。テクノロジーの進化に比例して、新ビジネスの誕生速度も上がっている状況です。

テクノロジーは、世の中のビジネスモデルを変えます。そして、新たなテクノロジーが浸透した世界で生きるあなたの仕事、生活、未来も、当然のように変わるでしょう。

例えば今、あなたが悩んでいることも、テクノロジーを活用すれば解決できるようになります。テクノロジーこそが、ドラえもんの四次元ポケットなのです。

思い出してみてください。ドラえもんの四次元ポケットの中には、夢と希望がたくさん詰まっていましたよね？　同様に、あなたの夢や希望は、テクノロジーを活用することで、すべて現実になるのです。

読者の方々の中には、成功したいと思っていたり、何かきっかけを掴みたいと思っていたり、あるいは「何となくうまくいかないな」ということを漠然と感じている人もいるでしょう。

本書を読めば、あなたが抱える不満や不安といったマイナス要素は、すべてテクノロジーが解決してくれることがわかります。本書を通して、考え方は変わり、視野が広がった結果、「テクノロジーを活用すれば何でもできる！」と思えるようになるでしょう。

ドラえもんを見ていた子どもの頃の気持ちを思い出し、自分なら、どんなひみつの道具を使いたいか。今の悩みは、どの道具があれば解決するのか。ぜひ、あなたの自我や欲望のおもむくまま、ワクワクした気持ちで本書を楽しんでもらえたらと思います。

マーケティングしても世の中は売れないものばかり

スティーブ・ジョブズは、生前、数々の名言を残しました。その中でも、私がビジネスを展開するうえで影響を受けた、2つの言葉を紹介します。まず1つめはウォルター・アイザックソン著『スティーブ・ジョブズ II』（講談社）から。

「どんなマーケティングでも、駄作をヒットさせることはできない。」

すでに人気の商品に、ちょっとアレンジを加えて販売しても、売れるわけではありません。他の会社の製品に似通っている商品を販売したところで、類似品、駄作とみなされ売れ残ります。

ジョブズが大ヒット商品を次々と生み出したのは、他社では真似できない付加価値の高い商品を開発したからです。

もう1つ、ジョブズの名言で印象に残っているのが、田外孝一著『スティーブ・ジョブズ自分を超える365日の言葉』（泰文社）で紹介された、この言葉です。

「経営をうまくやるために仕事をしているわけではない。」

ジョブズは、企業を経営していくのはお金を稼ぐためでもなく、マーケティングをうまくやるためでもなく、最高の価値（商品）を作ることであるとして、それに注力し続けました。

だからジョブズが率いたAppleは、最良のコンピュータを作ることに成功し、価値を創出した結果、商品が飛ぶように売れ、経済的にも潤ったのです。

私はジョブズのこの言葉から、マーケティングに固執し、質の悪い商品を世に送るなどもってのほかであり、過去のデータから過去の分析はできても、未来の予測は不可能だと言われているのだと感じました。

なぜなら、ジョブズの言葉通り、マーケティングリサーチをしても、顧客が未来のことを教えてくれるわけではありません。すなわち、マーケティングから革命的な商品など生まれるわけがないのです。

ましてソーシャルメディアが発達した現代において、質の悪い商品をいくら良く見せて売り込んでも、ユーザーの心に届くことはありません。旧来の広告の概念はもはや通用せず、正しい情報を伝えることしかできなくなったからです。

しかし、革命的な商品を打ち出せば、マーケティングなどする必要もなく世に浸透していきます。ジョブズの名言には、そんな信念が垣間見えてなりません。


今の世の中、マーケティングありきで物事が進んでいますが、良い意味で市場や生活者を裏切る斬新な商品を創出するには、大人思考だと「売れない、失敗する」と言われるような〝モノ〟や〝コト〟にヒントが隠されているのではないでしょうか。

それこそ、あなたが口にしようものなら「バカじゃないの?」「できるわけない!」と周囲から笑われたり、反対されたりすることかもしれません。

ジョブズだって、かつてはそう笑われてきた変人でした。けれどジョブズは、自分を貫き通したことで、革命的な大ヒット商品を生み出したのです。のちに、こんな名言も残しています。

「卓上計算機しか使ったことがない人にマッキントッシュがどういうものか尋ねても、答えられなかったでしょう。それについて消費者調査をするのは無理です。とにかくつくってみんなに見せ、どう思う？　と聞くしかありません。」

さて、テクノロジーが進化した今、あなたにも実現のチャンスがやってきています。あなたが「こうなったらいいな」「ああなったらいいな」と願う事柄のほとんどは、テクノロジーがドラえもんの四次元ポケットとなって、叶えてくれます。

だからもう、過去のデータを見て、できる、できないを判断する必要はありません。あなたが描いた夢は、最新テクノロジーによって叶うのです。

10年後の未来を予測する方法

10年前のことを、思い出してみてください。
スマートフォンは今のようには普及していませんでした。もちろん、動画配信やSNS（ソーシャル・ネットワーキング・サービス）などもまだ黎明期にあり、現在のように広く一般に受け入れられることなど、当時は考えられませんでした。

私は10年後を予想するとき、過去10年を振り返って見ることが大切だと考えます。

なぜなら、「愚者は経験に学び、賢者は歴史に学ぶ」から。すでに先行している事例からは、より実現される確率が高い未来を見られるからです。
ただしこれはあくまでもヒントにして未来を予測するということが前提です。過去をヒントに、今までまったくなかった新しいものを独創するということです。

実際日本でも、現代における大ヒット商品の未来予測をしていた人物が何人もいます。

例えばウォークマン（ヘッドホンまたはイヤホンで聴く、携帯用小型カセットテープのステレオ再生装置）は、昭和54年（1979年）にソニーが開発した商品です。開発に携わったソニー創業者の1人、盛田昭夫さんは著書『MADE IN JAPAN』（朝日新聞社）で「ウォークマンの開発は多くの反対にあった」と記しています。それでも盛田氏は10年、20年先の消費者のニーズを想像し開発に踏み切りました。

実は盛田氏は、その時点でウォークマンの先をいくiPodや携帯電話、そして持ち運べるパソコンとしてのiPhoneが求められる時代が来ることを予測していたのです。

またGPSの技術も、もともとはソ連との冷戦時代（1960年頃）にアメリカ海軍が軍事目的で開発したものでしたが、現在ではナビゲーション機器（カーナビや地図アプリなど）やゲーム、スポーツ、カメラなど、あらゆる機器に搭載されています。

軍事目的の技術が民間用に開放されるなど、誰が想像していたでしょうか。

このように、予想通りの未来になる場合もあれば、利用者によって、用途やマーケットが変わることも起こりえます。

となると、必ずしも10年間の知見だけで言い当てることはできませんが、変化の幅や変化の公式については、ある程度予想がつきます。

通信環境にしても、はじめは1Gしかなく、徐々に3G、4Gと速度が上がってきた結果、インターネット接続があれば、テレビで放送される生放送のようなライブストリーミングも可能になりました。

YouTube（動画共有サービス）やTikTok（短編動画共有アプリケーション）といった新たなビジネスモデルも動画を利用するものが多く、インターネット環境があれば、教育も受けられる時代になったのです。

10年前では本当に考えられませんでしたよね？

2020年にはスマートフォンの通信規格が5Gになることが予定されていますが、そうなれば今までよりも通信速度が速くなり、同時に多くのデバイスの接続が可能になることから、タイムラグがなく、いつどこにいてもリアルな動画視聴を楽しむことができます。もっと言えば、家電や車などのＩｏＴ（物体に通信機能を持たせ、インターネットに接続したり相互に通信することにより、自動認識や自動制御、遠隔計測などを行う仕組み）といった、これまで無線ネットワークに繋がっていなかったさまざまなモノがネットワークに繋がることで、生活の質や利便性が驚くほど上がることが予想されます。

他にも医療分野では、手術支援ロボットによる遠隔手術や遠隔触診といったことも可能になるため、東京にいる医師が、石垣島の患者に手術を行うことも可能になります。

このテクノロジーの進化スピードであれば、あと2、3年でドラえもんが生まれた22世紀の未来に追いつくでしょう。

働かなければ収入が得られない時代は終わる

テクノロジーを極めることで、これまでとは違う概念が生まれます。

そもそも、なぜ人間は働かなければならないのでしょうか？

生活をするため、家族を養うため、自己実現や成長のため……個々人によって、その目的は異なるでしょう。

しかしそこには、多くの人が「働かなければ収入が得られない」という固定観念があるのではないでしょうか。

本当に、働かなければ収入は得られないのでしょうか？　「働かなければ収入が得られない」と思い込むこと自体、もしかしたら古い考え方なのかもしれません。

私は近い未来、さまざまな境界線がなくなっていくと考えます。

例えば出勤。これまでは仕事をするために、車や電車などを利用して人間のほうが会社へ向かっていましたが、これからは会社に出勤しなくても仕事が成り立つネットワークインフラが整うため、自宅でも仕事ができるようになるでしょう。

そんなふうに、自宅と会社の境目がなくなり、日本と海外の境目がなくなり、ひいては宇宙との境目もなくなる未来が予測されます。

現在、私は年商10億円の仕事を請け負っていますが、世界中どこにいても仕事はできます。

ここではあえて「仕事」と表していますが、そう伝えたほうがわかりやすいだけで、自分では「仕事をしている」という感覚はなく、私自身の仕事と遊びの境目もどこなのかわかりません。

私が普段、熊本県を拠点にできているのも、こうした働き方（遊び方）ができるのも、テクノロジーの進化によるものです。

子どもの頃、親に「勉強しなさい！」と言われるとやる気が損なわれたのと同じで、仕事も評価重視で「あれもやれ、これもやれ」と命令されてばかりでは、どんなに報酬が得られても精神的な安定は保たれません。

しかし、自ら考え、生み出し、それがお金になると、楽しくて仕方がないのです。「今度はこんなふうにやってみたらどうだろう」「こんなサービスがあったら喜ばれそうだな」など、家事や育児、テレビやスマホなど、何かをしているときですら、片手間で新たなビジネスアイデアが思い浮かぶようになります。

そうなるともう、仕事とプライベートの境界線はないに等しくなります。私自身、クリエイティブな活動が好きなので、空想でできてしまう仕事は、仕事の定義に当てはまりません。

もう、満員電車に乗って、もみくちゃにされながら会社に通うなんて日々は、送らなくてもいい時代がやってきます。

これからはあなたの好きなことをして、お金になることが見つかる時代なのです。

会社組織より、パーソナライズが主流の現代

1980年代後半から1990年代にかけて大ヒットした少年漫画『まじかる☆タルるートくん』は、小学生の主人公、江戸城本丸がひょんなきっかけで出会ってしまった魔法使い、タルるートとのドタバタな日常を描いた作品で、小学生だった私のバイブルでした。

当時、作者の江川達也さんのオフィスでは、20名前後のスタッフが作業していたと言います。けれども現在は、当時と同じ40畳くらいあるオフィスで、江川さん1人が作業しているそうです。

かつて漫画家といえば、〝アシスタントと机を並べてワイワイ仕事をする〟というイメージがありました。しかし、現代は仕事のデジタル化によって、これまでは同じ空間で作業しなければならなかったスクリーントーンや黒のベタ塗りといった作業が、パソコン1台でできるようになりました。そのため、広いオフィスで作業をするのは江川さんだけ

になってしまったわけです。

実は企業でも、同じようなことが起きています。以前のように、必ずしも会議室で会議をする必要はなく、メッセンジャーやスカイプを利用すれば、世界中どこにいても会議に参加できるようになりました。働き方改革の一環で、テレワーク（情報通信技術を活用し時間や場所の制約を受けずに、柔軟に働く形態。「tele＝離れた場所」と「work＝働く」を合わせた造語）が取り入れられるようになったのも大きいでしょう。

そういった意味では、ベンチャー企業のほうが、早くから同様の取り組みを行っていたのではないでしょうか。

身軽さが強みのベンチャー企業ですから、会社の経営を行っていても、オフィスを作らない社長だっていますし、毎回、社員と一緒になってプロジェクトを進行させるのではなく、プロジェクトのテーマにふさわしいプロフェッショナルな人材を集めて、１つの事業を行うスタイルも主流になってきています。そのほうが生産性も高く、新しいものが生み出されやすいからでしょう。

私の友人である連続起業家（シリアル・アントレプレナー）、実業家、投資家の孫泰藏さんも、かねてから「会社の組織より、個の時代」と唱えており、孫さんの会社では、バンドを組むように、スタートアップでチームを作り、プロジェクトを起こすという取り組み方で、世の中に切り込んでいくような斬新なニュービジネスやサービスを数々立ち上げています。

このように、仕事もパーソナライズが当たり前の時代です。

そして、このパーソナライズこそ、新しい市場の開拓といった未来に繋がっています。

あなたの現在の仕事だって、テクノロジーを活用すれば、今とは違う働き方ができるようになると思いませんか？　満員電車に乗る必要もなければ、細かな事務作業や単純作業をＡＩに委託することもできるでしょう。

会社に貢献するばかりでなく、あなたが起業することも可能です。自分の得意な分野で、さまざまなプロジェクトに参画する。そんな働き方をする人たちが、これからは増えていくのです。

私たちは全員四次元ポケット世代の未来人

ヒト族の暮らしは600万年前から始まり、12万5000世代続いてきました。現生人類（30万年前）の暮らしでいうと、7500世代です。

そうした中、文明ができたのは、今から500世代前（1万年前）。人間が科学を覚えたのは、たった20世代前（500年前）です。

コンピュータやインターネットが一般的になったのは、ここ数十年の出来事です。人間は7万年前からほとんど変わっていませんが、現代の高校生のほうが、数世紀前の学者より博識だと言われています。

さて、わずか2世代前（1960年代）に始まったインターネットですが、デジタルメディアが普及する前は、米国の軍事・学術研究者の間だけで用いられていました。それから大学や企業、政府の研究所などで限定的な利用が可能となり、１９８０年代半ばには、学術関係者以外にも広まるようになり、徐々にその範囲を広げていきました。

それが今やどうでしょうか。

インターネット接続は当たり前。特別な存在だった有名芸能人ですら、ＳＮＳなどインターネットサービスを駆使して知人を６、７人介せば、繋がるような時代です。一般人の書いた文章でも、その情報が面白かったり、興味を引くものであったり、価値があるものだと判断されれば、たちまちシェアされ、それが何千人、何万人もの人々に影響を与えることだって珍しくありません。

センスがあり、クリエイティブな人にとっては、自由に表現できる世の中になり、バックボーンに関係なく、誰でも成功できるようになったのです。

クラスの隅っこにいた、根暗でオタクと呼ばれていたような子でも、ネットの世界では〝神〟と称されることだってあります。

インターネットの台頭により、社会構造は完全に変わりました。特に、情報を扱う人たちは、その需要の高さからものすごい恩恵を受けたはずです。

一方で、製造業などモノを扱っている人たちの社会構造は、あまり変わらぬままという現象があります。

インターネットの普及後に誕生した、生まれたときからインターネットやパソコンが身近にある世代を「デジタルネイティブ」と呼びます。日本ではインターネットが１９９０年代半ばに普及したため、「デジタルネイティブ」世代とは、おおむね、これ以降に生まれた世代を指しますが、２０１９年現在、以下の年齢層で、第一世代～第三世代と表すことが多く、私はちょうど第一世代にあたります。

・第一世代……１９８５年前後生まれ（現在35歳前後）
・第二世代……１９９５年前後生まれ（現在25歳前後）
・第三世代……２００５年前後生まれ（現在15歳前後）

デジタルネイティブ第一世代は、小学生時代にウィンドウズ95が登場し、パソコン通信からインターネット通信へと移行する時期を過ごしました。モバイル機器もポケットベルやＰＨＳを経て、携帯電話（ガラケー）が登場し、２００７年前後にスマートフォンが流行り出し、ネットが身近になったことを感じた人がほとんどでしょう。

デジタルネイティブ第二世代は、日常的にパソコンがある家庭に生まれ、スマホへの過渡期と共に成長しています。第一世代がネットの便利さに感嘆しているのに比べて、第二世代は「当たり前」という環境の中にいました。

そしてデジタルネイティブ第三世代は、現代を生きる若者です。情報はネットで調べるのが当たり前で、欲しい情報は何でも取得でき、動画も漫画も無料で視聴するのが当然の環境に置かれています。彼らは、ネットで実名で活動することにも何の抵抗もありません。成熟したネット社会で育ってきた世代なのです。

第一世代、第二世代の感覚だと、ここまで来るのに段階を経てきた印象を受けますが、それでも当たり前のようにスマホを使いこなし、日々生活しています。


つまり、〝郷に入れば郷に従え〟で、そうやって新しいテクノロジーを受容し、取り入れることができるのですから、私たちは全員、四次元ポケット世代の未来人になれる可能性があるのです。

もちろん、テクノロジーが成功の鍵であることをいち早く察知し、ナチュラルに受け入れるのは、これからの日本を作る第三世代の子どもたちでしょう。とはいえ、彼らに遅れる形だとしても、着実に私たちの世代にも、そしてずっと上の世代の人たちにも、テクノロジーの活用による利便性の高い生活が浸透する日は訪れます。

アメリカでは、ロボットを奴隷のように扱い、自分たちに都合良く働かせることを目的とした利用法が目立つそうです。一方、日本では、ロボットとどう共存するかといった方向に意識が向いているような気がします。これも幼い頃から慣れ親しんだドラえもんの影響か、日本人にとってロボットは非常に親和性が高い存在なのかもしれません。

ロボットとどう対話し、共存しながら生きていけるか。それを考えることが、日本の未来をさらに豊かにしていくでしょう。

働く人より発想できる人が100万倍の価値を生み出せる

これからテクノロジーが進化することによって、間違いなく人間の価値観は変わります。なぜ、そう言い切れるのか。それはあなた自身も、これまでの人生で経験済みのはず。例えばカメラ。私の世代では、学生時代に「写ルンです」などのレンズ付きフィルムカメラが流行していました。「こんなに手軽なカメラを発明した人は素晴らしい」などと思っていたのも束の間、撮ったその場でプリントが楽しめるインスタントカメラ「チェキ」が登場。ほどなくしてフィルムカメラからデジタルカメラが主流となり、携帯電話でもカメラ機能が搭載されはじめます。そして今日では、デジタルカメラのように鮮明でキレイな写真が撮れるスマホが数々登場しています。

カメラ1つとっても、20年あまりでこれだけ多くの新サービスが登場してきたのです。

同じ時代を生きてきたあなたなら、そのときどきの時代背景や出来事、その価値観の変化を思い出せるのではないでしょうか。

新サービスが登場しても、中には「写真はフィルムだからこそ良さがある」とフィルムカメラにこだわったり、「携帯は電話とメールができれば十分」と言って、カメラ機能は不要だと拒絶反応を示す人もいます。

しかし、デジタルカメラの台数が増え、カメラ機能のない携帯電話が少なくなってきた頃には、はじめは新サービスを受け入れられなかった人も、当たり前のように受け入れ、その利便性に気づき、使いこなすようになりました。

ですから、今ある価値観は、テクノロジーが進化してその状況が当たり前と化すことによって、必ず変化が生じます。

では、どういう人が新たな価値を生み出せるのか。それは言われたことを言われた通りに行う人ではなく、〝発想できる人〟です。

〝発想できる人〟とはどういう人なのか……。例を挙げてお話ししたいと思います。

例えば「絵描きになりたい」という夢を抱く人がいたとします。絵描きを夢みることを不思議がる人は、今のところはまだ、あまりいないかもしれません。

しかし、これからテクノロジーが進化することで、「絵描き」に価値を見出せなくなる時代が訪れます。そもそも「絵描き」が民衆から必要とされていたのは、カメラがなかった時代の話です。今でも画家という職業はありますし、その価値が認められている画家はたくさんいますが、その人たちは、どのような価値を見出し、絵描きとして認められたのでしょう。


江戸時代の浮世絵師、葛飾北斎は、それまで日本にはなかった技法の〝遠近法〟を取り入れたり、当時、西洋からもたらされた人工顔料プルシアンブルー（通称「ベロ藍」）を用いたことで、これまでにない表現法、そして配色が目を引き、北斎の浮世絵は海を渡ってフィンセント・ファン・ゴッホや、ピエール＝オーギュスト・ルノワール、クロード・モネといった画家たちに〝ジャポニズム〟として影響を与えることになるのです。

北斎が描いた絵だから高値がついたのではなく、北斎が生み出したコンテンツに高い価値が見出されたのです。そうでなければ、子どもの描く絵が１００円で、誰かが描く絵が１００億円になるなんて、本来はおかしな話ですよね？

ですから、「画家になりたい」と夢を抱く人が、これまでにない新コンテンツを生み出せるのであれば、画家という職業は成立します。けれど、「既存のクオリティを追求した絵描きになりたい」と望んで画家を目指すのであれば、それは厳しいでしょう。

私はそうした発想の持ち主を、〝前時代の価値観の持ち主〟と考えます。

現代はパソコンやタブレットもありますし、アプリを利用すれば、油絵や日本画、線画、デッサン風など、いくらでも加工が可能です。その気になれば、ゴッホ風や北斎風など、あらゆるタッチの描写がワンクリックで可能になるソフトも誕生するでしょう。

「絵描きになりたい」という夢を抱く人をバカにするわけではありませんが、カメラがなかった時代に絵描きが重宝されていたのとは違い、テクノロジーがさらに進化する近未来に、リアルな描写を追求した絵描きの価値が薄れてしまうのは避けられません。

カフェにしても同じです。「将来はカフェを開きたい」というと、現代ではどこかオシャレな夢のように感じられますが、テクノロジーが進化すれば、バリスタも不要です。

未来人からしてみると、「カフェって何？　珈琲なら家でも十分美味しく飲めるよね？」といったところでしょうか。

そう言われる時代は、もう目前です。
あなたもここで紹介した画家やカフェオーナーのような、前時代風の夢を思い描いていませんか？　テクノロジーが進化すれば、物の見方、捉え方が変わり、価値観が変化します。そうした視野を持てる人が、今の時代にマッチした夢を描ける人です。

何より恐ろしいのは、大人から子どもへの価値観の押しつけです。大人が30年以上も前の価値観で、「こうしたほうがいい」「こうするべきだ」という考えを子どもたちに植えつけるような教育が、未だに日本では行われているような気がしてなりません。

時代が変われば、価値観は変わります。テクノロジーが進化すれば、夢の形も当然、変わるのです。

夢は本来、自分で描くものであって、誰かから与えられるものではありません。過去に存在したものに当てはめる必要もないのです。夢は自らが願い、与えられた個性や感性を生かし、表現すべきものです。
その夢は、テクノロジーとセンス、価値観の組み合わせで、いかようにも達成できます。

だからどうか、一般的に夢と言われているものが古くなっていることに気づいてくださ
い。心にある想いを文字や言葉にしてみて、実現する手段としてどのテクノロジーと相性
がいいかを考えれば、その夢は実現するのです。

ネット通販やYouTuberだって、かつては世間から認められていませんでした。いった
い誰がこんなビッグコンテンツになると予測したでしょうか。

過去を振り返ると、「そんなの仕事じゃない！」と言われた仕事ほど、収益を得るビジネスになっています。

働く人より発想できる人、加えてテクノロジーを上手に活用できる人が、これからは10倍の価値を生み出せる人になれます。

「まだない仕事」で稼ぐ方法

２０１１年、アメリカのデューク大学の研究者であるキャシー・デビッドソンは「今の小学生たちの65％はまだ存在しない仕事に就く」という研究発表を行いました。

それから８年が経ち、小学生に聞く「将来なりたい職業」の上位にYouTuberが君臨している現状を思うと、デビッドソンの言う通り、これから次々と新ビジネスが生まれていくのだと想像します。

考えてみれば、インターネットの世界でのコミュニケーションも、この十数年の間に、毎年のように変化と革新が起こりました。

日本でソーシャル・ネットワーキング・サービスというと、昔はmixi（ミクシィ）の掲示板がメインでした。当時のmixiは飛ぶ鳥を落とすような勢いで、たった数年で会社は上場し、株式時価総額は２０００億円にもなりました。

その後、コミュニケーションの手段はますます変化し、Twitterができ、Facebookができ、Instagramができ、LINEができました。

Instagramは、ケビン・シストロムとマイク・クリーガーが26歳のときに作った会社です。当初は、たった13人の社員しかおらず、売上もほとんどゼロに近かったそうです。しかしそれからわずか1年半後、Facebookに約10億ドル（約８１０億円）で会社を売却し、巨万の富を得ることに成功したのです。

私は、新しいビジネスが生まれる要件は、２つあると考えます。

1つは、今ある不便を何とかしたい、という視点です。

例えば、Uber（ウーバー）は、夜中に山道を歩いていてタクシーが捕まらない。そんな不便な状況を何とかしたいという要望から生まれました。

もう1つの要件として、「もっと楽しくなるよ」から生まれるビジネスがあります。

Facebook や Instagram などのソーシャル・ネットワーキング・サービスは、人と人との結びつきが希薄になった現代だからこそ、世界的に大ブレークしたのです。

「まだない仕事で稼げ」と言うと、多くの人が尻込みしてしまいますが、まだない仕事は、〝今ある不便の改善〟と〝もっと楽しく〟という2つの要件に隠されています。原理原則はとても簡単で、この2つの要件さえ満たせばいいと思えば、それほど難しいことには感じないでしょう。

加えて、これまでにないまったく新しい仕事が突然生まれることはなく、必ず今あるものが、他のものと組み合わされて生まれます。

例えば、空飛ぶ自動車は、飛行機と自動車を足して2で割ったらできてしまいました。もちろん、それを作る技術やテクノロジーは必要だったわけですが、発想としては、あるものとあるものの組み合わせです。

組み合わせには、前述のように足して2で割るものもあれば、単純に足して成り立つ組み合わせもあります。

スマホで考えてみるとわかりやすいのですが、携帯電話は当初、通信手段として生まれました。そこから利便性を追求した結果、その中にアプリとしてカメラが搭載され、ゲーム機を入れ、インターネット接続を入れ、計算機を入れ、方位磁石を入れ、ライトを入れ、テレビを入れ、音楽を入れ、クレジットカードを入れ、地図を入れ……と、あらゆる技術が詰め込まれた結果、今では生活のすべてがスマホ1台に集約されています。

〝今ある不便の改善〟と〝もっと楽しく〟を追求して、今あるものにプラスαをすることで、まだない仕事は新ビジネスと呼ばれるものになりうるのです。

第2章

なぜあなたは「未来の道具」が使えないのか？

四次元ポケット
テクノロジーの変化を受け入れていく
デジタルデバイド
ってひみつ道具
思い込みによって不可能とされてきたサービス
複合現実体験
人間の可能性や能力をサポートする
デジタルヒューマン技術
妄想力
未来の道具使いのプロ
ハビタランド

なぜ私たちは四次元ポケットが使えないのか

第1章では、テクノロジーこそが、ドラえもんの四次元ポケットから出てくるひみつ道具になりうるという話をしました。そこで第2章では、テクノロジーの進化によって、常に発明されているひみつ道具があるにもかかわらず、なぜあなたが使いこなせていないのかについて考えてみたいと思います。

あなたは、「デジタルデバイド」という言葉を知っていますか？

デジタルデバイドとは、インターネットやパソコン等の情報通信技術を利用できる人と利用できない人との間に生じる格差を意味します。それと同じようにこの先には「テックデバイド」が生まれると思います。

「テックデバイド」とはテクノロジーを使いこなせる人と、使いこなせない人の人生に差が生じるということです。

しかしテクノロジーは、決して難しいものではありません。

もし、あなたがテクノロジーは難しいものだと考えているとすれば、それは「よくわからない。自分には関係ない」と思い込んでしまっているか、単純にテクノロジーの使い方を知らなかったり、それが目の前にあっても、気づかず見逃したりしているからだと思います。

テクノロジーの進化で言うと、現時点ですでに、ドラえもんの四次元ポケットを自由に使いこなせる時代まで、あと少しのところに来ています。

前にも述べましたが、ドラえもんの四次元ポケットのひみつ道具のいくつかはすでに実装されていますし、近い将来、かなりの数のひみつ道具が具現化するでしょう。

それはどういうことかと言うと、あなたの夢や希望が叶いやすくなったことを意味しているのです。

「夢」というと、人は手に届かない、雲の上にあるようなものをイメージすることが多いようですが、実は夢って、ごく身近にあるものばかりです。

そもそも夢や希望を抱くということは、現状に不満や不足がある、もしくはさらに良い環境や状況を手に入れたいという欲求が芽生えている状態を指します。その多くは、自分にないものを数えたり、満たされないものを欲しがったりといった、ネガティブな感情から始まることが大半だと思います。

実はその負のパワーが「現状を変えたい」という原動力になり、行動した結果、成果が得られたことを「夢が叶った」と表すのです。

だから私は、「夢」とは「結果論」だと考えています。

よく、「夢を持ちなさい」「夢は見るものではなく叶えるものだ」なんて言う人がいますが、何でもかんでも夢と言ってしまうと、息が詰まりませんか?

今の時代、「どうしたら夢が持てるの?」と疑問を抱いている人は多いですし、教育や親の影響からか、「夢=将来なりたい職業」だと思っている子どももいます。

しかし、先ほどもお話ししたように、夢とは欲望です。そして、思い描いた夢のように「なれたらいいな」と理想を抱くうちは「妄想」でしかありません。

その「妄想」を行動に移し、「妄想」を実現していった結果が、「夢」なのです。

だからはじめは、「やりたい」「やりたくない」というジャッジでいいのです。最初は強烈に夢を持つ必要はありません。あれもしたい、これもしたい、とふわふわしているくらいがちょうど良いのです。

夢がないからって焦る必要はないのです。

思い出してください。漫画やアニメの『ドラえもん』だって、のび太がいじめられている状況からストーリーが始まっていくことが多いですよね?

のび太に嫌な出来事が起こった。現状を回避したいから「ドラえもん助けてー!!」と叫ぶと、ドラえもんが四次元ポケットからひみつの道具を出して解決してくれる。

人間の煩悩そのものを描いたストーリーではありますが、私はそれこそが、これからの世の中に必要な生き方だと思います。

私たちは学校や親から「逃げてはいけない」という教育を受けてきましたが、その「逃げる」という発想自体、前時代的な古い価値観です。大事なのは、そのときどきでベストな判断をすることであって、逃げる、逃げないではないのです。

だから、従来の教育通りに、逃げずにコツコツと古い価値観とやり方で物事を推し進めていけば、テクノロジーを活用した時代を生きる人たちからは遅れてしまいます。それが近い未来に起こりうる「テックデバイド」です。

これからはのび太のように逃げ続ける、クリエイティブな人たちが時代にフィットするようになり、テクノロジーを活用して、みんなに共感される時代になるでしょう。

マーク・ザッカーバーグだって、スティーブ・ジョブズだって、いったん大学に入り、前時代的な学びを得る必要はないと考えた結果、大学を中退し、事業を起こしています。それを「世間のレールから外れた」「逃げた」と語る人もいますが、今の時代、成功しやすいのは、世間一般のレールから外れた自分だけの価値観を持ち、人生を選んでいける人ではないかと思うのです。

子どもから大人まで強烈な妄想力を持っている人がお金持ちになれる

前項で「夢」の話をしましたが、

「夢＝妄想力」を持っている人が、これからはお金持ちになれる時代です。

例えば漫画家。昔は漫画を描く人に対し、根暗な印象が世間にはありました。漫画愛好家に対しても、「オタク」などとからかう風潮があったでしょう。しかし、今や漫画は世界中の人に受け入れられ、アニメキャラクターは芸能人と同等かそれ以上の地位を確立しています。

その第一人者と呼ぶにふさわしい人物が、漫画『ONE PIECE』の作者、漫画家の尾田栄一郎氏ではないかと私は思います。『ONE PIECE』と言えば、ストーリーもさることながらファッション性もあり、漫画はオタクの専売特許ではないことを証明した作品ではないでしょうか。

他にも素晴らしい漫画家が数多くいます。彼らこそ、他人から何を言われようと、自分の「妄想力」を貫いて動き続けた結果、多くの共感を得られ「夢」を実現した方々です。

さて、そうした「夢＝妄想力」を実現するには、資金が必要です。前時代的な発想では、起業するとなると、資金集め（蓄え）から始まり、株式会社にして、登記して、人員を増やして……といった手順を踏んでいましたが、今の時代、そんなやり方はナンセンスです。熱い夢や情熱を持ち、それを発信する力と表現力があれば、今はクラウドファンディングですぐに資金調達が可能です。

クラウドファンディングで、「夢」に値段がつくようになったのです。

私は、この手法こそ、資本主義のあるべき姿だと思います。クラウドファンディングという言葉は最近のもののように感じますが、その基盤となるようなことは、かなり昔から実施されています。というのも、「町に○○を作りたい」という想いを発信して、そのプロジェクトに共感した株主が出資し、実現したのが、日本全国に張り巡らされた鉄道や道路、銀行などのインフラネットワークです。それらを作るために呼びかけてお金を集めたのです。それをもっと個人的にしたものが、現代のクラウドファンディングと言えます。

クラウドファンディングの素晴らしいところは、起案者が発信した「夢」が世の中を良くしたり、自分にも返って来る可能性があるからこそ、支援者からお金と情報が集まるところです。

支援者がその情報をシェアし、アウトプットすることで、さらに多くの人々に伝わり、どんどんその輪は大きくなり、ものすごいスピードで発信され続けます。

ですから、「夢」を語り、発信することはとても大事です。

支援者も、資金調達をするから見返りを求めているというよりは、起案者と一緒に「夢を見たい」「戦いたい」という共感する想いが強く、心地良さを感じていると言います。

この「心地良さ」を追求することで、結果、お金になるのだと私は思います。

人間には承認欲求があり、自分でその欲求を叶える方法を持っている人も、世の中にはいるかもしれません。しかし、実際のところ、それを持っている人は少ないですから、夢を持っている人に相乗りしたいと願う人が多く存在するのです。

その相乗りにピッタリなのが、クラウドファンディングです。クラウドファンディングの起案者の夢に便乗することで、一緒に夢を叶えたような気持ちになれるでしょう。

誰かの夢に出資することで、起案者から夢を与えられ、楽しませてもらえる。その企業に関わっているだけでワクワクして楽しい、そんな企業の株主になりたいと人は望みます。

夢を細分化して考えると、ときとしてそれはエンターテインメントでもあり、コミュニティや仲間意識を芽生えさせるものであり、多少の承認欲求、帰属欲求といったものも満たしてくれるものです。


このように、現代は目に見えなかったものがお金になる時代、自分の「夢」を発信することで、やりたいことが実現する時代なのです。大人も子どもも関係ありません。あなたもぜひ、「夢＝妄想力」を追求していきましょう。

インプットばかりしているとアウトプットの方法がわからなくなる

ときおりセミナーなどでお話しさせていただく機会があるのですが、聴講者の中には馴染みの顔も多く、インプットに熱心な方がとても多いことに驚きを感じます。

セミナーの受講について、初心者の方や、自分のモチベーションを上げるために参加してインプットするという利用法ならわかるのですが、インプットばかりしていると、アウトプットができなくなってしまうのはおろか、他人の価値観で動くようになりかねません。

私のセミナーに参加してくださるのはとても嬉しいのですが、インプット一辺倒はおすすめしません。

例えば、経営者セミナーがあったとします。その人が遭遇した環境や状況とあなたのスタイルが合えばいいのですが、同じ境遇、状況で同じ人生を歩める人など、そういません。京セラの稲盛和夫氏や本田技研工業の本田宗一郎氏は、それぞれの時代背景や生いたち、育った環境や性格など複雑な要素が絡み合って成功できたわけです。

残念ながら、他人の成功体験をそのままコピーすることはできませんから、成功者の話を聞いたからといって、必ずしも自己実現に繋がるとは限らないのです。

人間には数々の煩悩があるので、それをコントロールし続けるのは至難の技です。もちろん、モデルとなる人物に近づくことはできます。しかし、そんなふうに自分を型にはめて縛ったところで、結果的に長続きはしないでしょう。

人間は心のあるがままに、思った通りに進んだほうが、最終的にうまくいきます。そのためにも自分を知ることは大切ですし、最初はインプットした情報から影響を受けるのも良いでしょう。しかし、あくまでもインプットするのは参考程度で十分。最終的には自分の価値観に合った生き方をしないと続きません。だから、自分の心の奥底にある声に耳を傾けることが大切です。

また、インプット、アウトプットで言うなら、アウトプットする側になることをおすすめします。アウトプットも最初は貧弱なアイデアしか出ないかもしれません。でも、回数を重ねていくうちに、どんどん自分流ができてきますし、アイデアを１０００個出せば、そのうち5個くらいはヒット商品に繋がるかもしれません。

現代は「おしゃべり野郎のほうが成功しやすい」時代です。

私の場合、アイデアはブレストしている中で出てきます。ぼんやりとしたアイデアも、ブレストする中で精度が高まっていくので、まずは言葉にしてみることをおすすめします。

インプットすることが悪いことだと言っているわけではありません。しかし、コピーはコピーでしかないのです。その手本となる人物を越えることはありません。また、「成功者の真似をすると早い」などと言われたりもしますが、成功する人はパターンにのっとって成功しているわけではありません。

成功している人は、必要な場面場面で修正をかけ続け、ゴールに突き進んでいきます。

そのことをビジネス用語で「ピボット」と言います。成功者のストーリーには、なぜその場面でそう決断し、細かく修正していったかという細部はなかなか描かれません。

私はその細部にこそ、成功の秘訣があると考えるのです。

成功のストーリーでは、成功したその一点ばかりが語られるのでスルーされがちですが、実はそこが一番重要なのです。

結局のところ、簡単に言い表せる成功のパターンなどありません。型にはまらない人のほうが大成功を収めています。失敗を繰り返して、自分自身をよく知る人ほど成功するのです。なぜなら、人間は心の生き物だからです。誰かの真似をしても、成功はありません。

やりたいことをやる。やりたくないことは徹底的にやらない。それでいいのです。

インプットではなく、アウトプットする側の人間になるためにも、自分の思いは恥ずかしがらずにどんどん打ち出していきましょう。

テクノロジーリテラシーが低い会社は潰れる

パソコンを使えば1人でもできる仕事を、5人も10人もかかって作業にあたり、ペンで書類をひたすら永遠に書き続けるような、そんな無駄な仕事は、世の中からなくなったほうがいいに決まっている——私はそう思っています。

人間が本来やらなくていい仕事を苦行のようにやらせるなんて、前時代的な価値観です。AIで代替できるのに、それに頼らず、社員を奴隷のように働かせる会社があるとすれば、その会社に未来はないでしょう。

人間がやりたくない仕事は、しなくてもいい時代がすでに訪れています。

社畜のような仕事こそ、AIやロボットを活用すればいいのです。

事実、Amazonも広い倉庫内をロボットが自動で行き交い、コンピュータが在庫の場所を考え、人間は最低限の場所にしか配置されておらず、猛烈な速度で自動化が進んでいます。

「ＡＩが主流になる」と聞くと、「人間の仕事がなくなる」という危機感を持つ人がいますが、無駄な仕事はなくなったほうが良いのです。自分が慣れ親しんだやり方にすがるのはやめて、１万円の収益を１００万円に、ひいては１０００万円に変えるという思考を持つほうが大切ですし、それこそがこれからの時代を生き抜くためには必要な思考法です。

もし、そうした時代の流れを、テクノロジーの使い方を知らない世代の人たちが阻止しようとしているのなら、テクノロジーを根本的に誤解しているだけです。

確かにこれまでは、人間の頭脳を補うテクノロジーが主流でした。しかし現在は、人間の頭脳に代わるＡＩが台頭しています。だから機械にできることは機械に考えてもらい、活用すればいいのです。

人間がＡＩやロボットを使う時代は、とうに終わっています。今は、人間が使われる側なのです。

「自分はＡＩやロボットには使われていない」と言う人は、日常生活を思い返してみてください。道を調べるときに、スマートフォンのナビゲーションアプリを利用することはありませんか？　車の運転だってそうです。「次の信号を右折してください」などという、機械の指示に従って、人間は目的地にたどり着いています。

実はスポーツの世界でも、テクノロジーによって選手が動かされる時代です。

メジャーリーグではセイバーメトリクス（データを統計学的見地から客観的に分析し、選手の評価や戦略を考える分析手法）を活用しており、4番バッターに主砲を置くよりも、2番バッターに主砲を置いたほうが、勝率が上がるというデータが上がっています。

バッティングも、アッパースイング（バットを下から上にすくい上げるように振る打ち方）を推奨しており、そのほうがヒット率が高く、長打、あわよくばホームランになるというデータのもと、選手たちはアッパースイングでバッティングするようになっています（65ページ【図1】参照）。

バスケットでも、かつてはゴール下を制覇したほうが良いという説がありましたが、野球同様、セイバーメトリクスを採用したことで、3ポイントレンジからの得点が重視されるようになりました（65ページ【図2】参照）。

では、会社経営はどうでしょうか。

実は会社経営こそ、戦い方を変えたほうがいい場面がたくさんあります。それは、人間は思い込みの領域が大きく、それを「経験」と呼びがちなため、自分のその絶対的な価値観を信じて疑わないからです。

もちろん「経験」レベルであれば、ある程度は信用してもいいのですが、場合によっては過去のものを単に引き継いで、それが正しいと思い込んでいる場合もあるでしょう。

自分で考えることをせず、「今まではこうだったから」という理由で継続するのは危険です。

もし、あなたが今、そのような仕事に就いているのであれば、いち早く抜け出すことをおすすめします。人間の頭脳に代わるテクノロジーは活用してなんぼです。テクノロジーリテラシーが低い会社は、間違いなく潰れるでしょう。

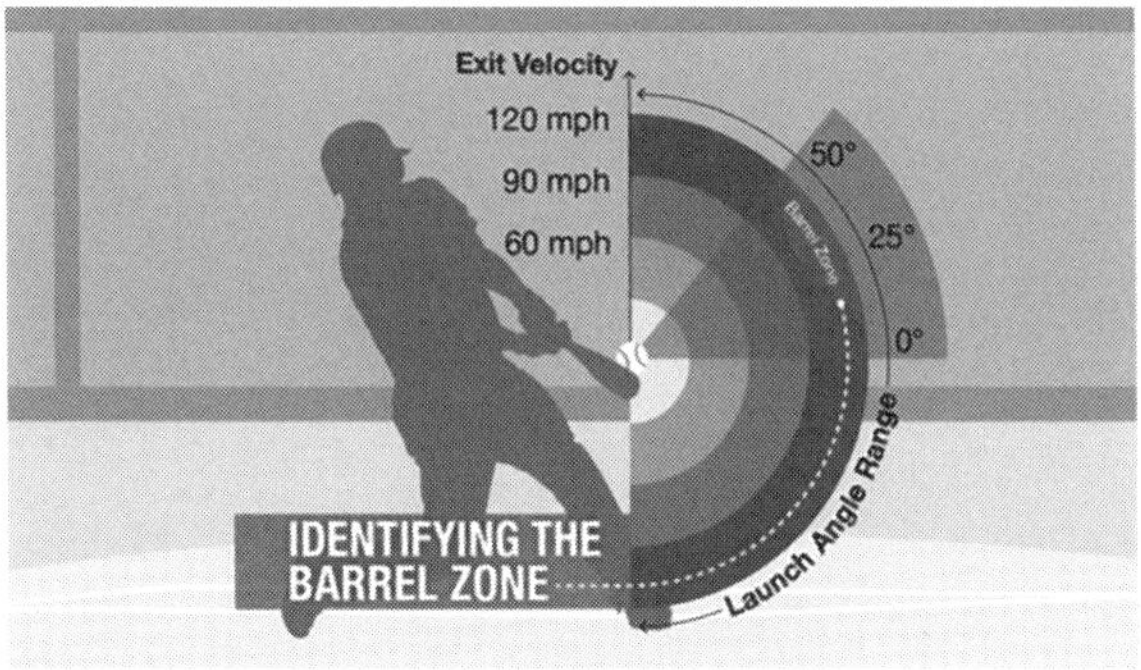

【図1】アッパースイングのほうがヒット率が高いことを示すセイバーメトリクス。（出典：MLB.com）

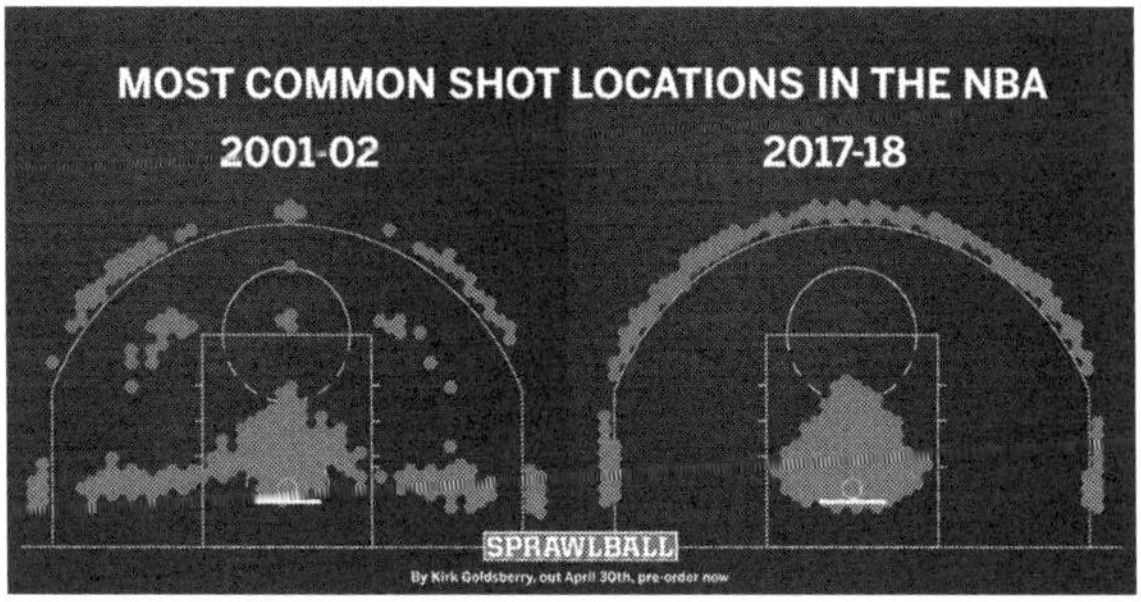

【図2】NBAでは2001-02シーズンに比べて、近年の2017-18シーズンは3ポイントレンジが重要視されていることがわかる。
（出典：SprawlBall: A Visual Tour of the New Era of the NBA by Kirk Goldsberry）

良いテクノロジーを身につけた人は、人の3倍長生きできる

野良猫って、図太く長生きしているイメージがありませんか？　けれど野良猫が生きられるのは、せいぜい2～3年程度と言われています。もし、何年も同じ野良猫を見かけているとすれば、人間にエサを与えてもらっているなど、半飼い猫として野良生活を送っているからでしょう。

一方、飼い猫の平均寿命は、15年前後と言われています。飼い猫は家とエサが与えられ、何かあれば獣医に診てもらえるため、それだけ長く生きられるのです。

動物ですら、人間が開発したテクノロジーを活用すると長生きできるのですから、人間も長く生きたいのなら、テクノロジーを活用するしかありません。

人によっては、自身の自然治癒力を信じているのか、断固として「病院には行かない」と通院を拒否し、薬を飲まない人がいますが、そんな非科学的な方法を選択すれば、すぐ

に寿命を迎えてしまいます。人間だって、テクノロジーを使いこなしたほうが長生きできるのは明白だからです。

また、中には自然志向を主張し、油や糖分の摂取を避ける人がいます。しかし、人間が本来有している動物としての本能は、油や糖分を好み、欲しているため、適度な油や糖分を摂取している人のほうが、断然長生きできるという統計もあります。

日本は世界の中でも長寿国と言われていますが、その地位を守り続けているのは、やはり医療制度と技術が発達し、医療行為をきちんと受けられる人々が多いからでしょう。

製薬関係の仕事をしている父の影響で、幼い頃から薬に対する関心が高く、薬について調べるのが好きだった私は、他人よりもちょっとだけ薬についての知識があるほうだと思います。症状によっては、明らかに抗生物質の投与が必要なのに、断じて抗生物質を出したがらない医師もいます。そういうとき、私は、「医師だからといっても、結局個人の思い込みや偏った経験で判断してるんだな」と感じることが多々あります。

国家資格を持ち、その道のプロと呼ばれる人たちでも、個人の価値観に左右されたり、古い情報を信じ続けていたりすることが、往々にしてあるのです。

他にも、薬を批判し、自然食品で病気が治るなどと言う人もいますが、そういったアプローチは時代のテクノロジーに反していると考えます。明治以降、人口が急激に増えたのは、西洋医学が取り入れられて、疫病などを撲滅できたことが大きく関係しているのは変えられぬ事実だからです。

それでもヘンテコ医学でガンが治るとか、健康になるとか言われて騙されてしまうのは、やはり本質的に人間は弱い生き物だからでしょう。弱いからこそテクノロジーを信じて、うまく活用していく必要があるのです。何を信じるかはあなた次第ですが、テクノロジーをうまく身につければ健康になれるのは実証されています。

科学に対し、より積極的な姿勢の人が長生きできているのです。

歴史上の人物でも長生きしている人を調べると、いつの時代も最先端の治療を取り入れている人たちです。当時としては長寿の73歳まで生きた徳川家康が自ら薬を調合し、それを飲んでいたという話も有名ですね。

長生きしたければ、テクノロジーを頭ごなしに否定せず、うまく活用するほうに自分の思考をカスタマイズすることが大切です。

ゆとりちゃん、さとりちゃんこそ未来の道具使いのプロ

文部科学省の学習指導要領等の変更により、無理のない学習環境で、子どもたちが自ら学び考える力の育成を目指したゆとり教育を受けた世代（１９８７年４月２日〜２００４年４月１日生まれ）を、「ゆとり世代」と言います。また、そのゆとり教育が終了した後に、義務教育を受けた世代（２００５年４月１日生まれ〜）は、「さとり世代」と呼ばれています。

これは余談ですが、ゆとり世代、さとり世代の他にも「つくし世代」という層があるそで、彼らは「みんなで楽しく、みんなでハッピー」「仲間に喜んでもらえると自分も嬉しい」という〝尽くす〟マインドの持ち主だそう。確かに身のまわりの平和を好む若者も、以前に比べて増えているように感じます。

さて、そんなゆとり世代、さとり世代の若者たちは、未来の道具使いのプロです。彼らは無理、無駄を嫌い、効率化を重視し、ナンバーワンよりオンリーワン志向が強いといった特徴があります。

のび太のように「ラクをして望みを手にする」。私はそうした彼らの考え方、生き方に共感します！

無論、ゆとり世代、さとり世代の全員が全員、そういう生き方を好んで実行しているわけではありません。それでも他の世代に比べると、比較的プライベートを重視する人のほうが多いのではないでしょうか。

私の知人の会社でも、ゆとり世代、さとり世代の社員が、「職場の飲み会には参加しません。仮に参加しても、二次会には絶対に行きません！」「同僚に個人の携帯は教えたくありません」などと主張し、古株の社員の怒りを買ったなんて話を聞いたことがあります。

でも、よく考えてみてください。仕事とプライベートを切り分けたほうが、社会的なリスクが避けられるのは当然です。

未だに多くの企業には、こうした若手社員に対して文句を言う人がいるようですが、もし、ゆとり世代、さとり世代の若者の主張が正しくないと言い張っているとすれば、自分が時代遅れになることを、恐れている証拠ではないでしょうか。

ゆとり世代、さとり世代のほうがネット社会のリスク管理には長けていますし、〝ラクする人がお金と時間を見出す〟ということに、彼らはとうに気づいているのです。

個を重視する彼らこそ、新しい時代のテクノロジーに沿った生き方をする未来人です。生まれたときからテクノロジーと共存してきた彼らは、マニュアルなど見なくても感覚的にあらゆるテクノロジーを使いこなせてしまう、未来の道具使いのプロです。

また、ゆとり世代、さとり世代は、「欲」が少なく「淡泊」な人が多いなどと言われていますが、決して「欲」がないわけではありません。これだけ情報が溢れる時代に、明らかに無駄なコストというのが表面化しつつあって「無駄な贅沢品はいらない」「不要な仕事はしたくない」という、「超コスパ重視」な「非常にクレバーな欲望の持ち主」であるというだけの話です。

車や時計、家といった高級品への憧れが薄いのも、「自分には必要のないもの」とみなしているからです。彼らにとっては1000万円の高級車よりも、月額1000円程度のNetflixのほうが、はるかに価値が高いのです。

たとえ上司から「ステーキ食べに連れていってあげるよ」と誘われても、1人で吉野家で牛丼を食べながら動画を見るほうが、有意義な時間の過ごし方だと捉えます。

それを「時代の違い」や「価値観の違い」とみなすのは簡単ですが、つまりは「新しいものを柔軟に受け入れ、順応し、生活の向上と利便を上手に図れる人たち」なのです。

彼らの経済活動は、派手ではありません。しかし、自分がやりたいことやクリエイティブなことに対しては、きちんとお金を使います。

逆に言うと、それ以外の部分でお金は必要ないのです。

毎日、満員電車に揺られ会社に通い、神経をすり減らしながら50万円を稼いで生きるくらいなら、フリーターで好きなときに働いて10万円の収入しか得られなくても、自分の好きなことに時間とお金を使える生活に居心地の良さを感じる世代なのです。

超高齢社会を迎えた今、これからの日本を支えていくのは彼らです。

そんな彼らのお金に対する価値観自体が変わり始めているのであれば、その価値観が主流になりつつあるのも決して不思議ではありません。

何よりそうした彼らの感覚は、テクノロジーの進化に適合していった結果なのです。

「今どきの若者は」という年配者の批判めいたフレーズは、5000年前の古代エジプト時代から繰り返されてきました。しかし、もしあなたがそんなふうに若い世代を批判すれば、時代遅れになりかねません。まわりのみんながテクノロジーでラクをして生きる中、あなただけが無理や我慢をしながら前時代を生きることになってしまうからです。

未来人として、時間とお金を得る心地良い生き方を望むのであれば、ゆとり世代、さとり世代のようなニュートラルな心で、未来の道具使いの仲間入りをしましょう。

未来のプラットフォームを使ったビジネスモデルが稼ぐ時代

昨今、YouTubeやTikTokなど、インターネット上のコンテンツが、未だかつてないほどの盛り上がりを見せています。

ついこの間までは、「会いに行けるアイドル」が人気を博していたのに、今では双方向コミュニケーションの仮想ライブ空間SHOWROOMのように、インターネット上でいつでもアイドルとコミュニケーションが取れるサービスが人気です。これまで以上に近い距離でのコミュニケーションが可能となったことを考えれば、ユーザーが夢中になるのも納得できます。

また、ライブコマースによる「ギフティング」と呼ばれる投げ銭システムも、テクノロジーが進化したことで集金システムが誕生しました。ネット上のプラットフォームを使ってお金を稼ぐなど、5年前にはなかった仕組みです。

このように、かつてはお金にならなかったようなビジネスモデルで稼げる時代なのです。素人が直接お金を稼げる今、プロと素人の境目は消滅したのです。

これはアイドルに限らず、農業や飲食店といったあらゆる業種でも同じです。直接お金が稼げるＣtoＣのプラットフォームが、あなたの身のまわりでもすでにでき上がりつつあるでしょう。


あのAirbnb（宿泊先を探す旅行者と、空き家・空き部屋を貸したい人を仲介するオンラインサービス）やUberといったシェアリングエコノミー型サービスの台頭が、まさにそれです。今、「シェアリングエコノミー」というキーワードが注目を集めているのです。

シェアリングエコノミーとは、インターネットを介して、使われていない資産や技術・技能を有効活用することで、新しい価値を生むサービスを意味します。

その内容は、どれも身近なものばかり。移動のシェアで言うと、Uberやカーシェアリング、シェアサイクルなどが、モノのシェアではフリマアプリのメルカリやフードシェアリングサービスなどもユーザー数が多いでしょう。他にも、空間やスキル、お金のシェアといった分類があり、貸会議室、クラウドソーシングやクラウドファンディング、ペットシッターや家事・育児代行、ＤＩＹの代行など、あなたも一度は利用したことがあるようなサービスが目白押しです。

もし、こうしたシェアリングエコノミーをまだ一度も利用したことがない人がいるとすれば、テクノロジーに対して何か抵抗感を持っているのかもしれません。

確かにシェアするシステムを構築するにはテクノロジーが必要ですが、使い方は決して難しくありません。テクノロジーを活用すれば、さらにあなたのシェアリングの幅は広がるでしょう。

これからお金を使わない時代に変わっていきます。シェアリングエコノミーの動きが加速するため、お金すら稼がなくても生きていけるようになる日が、近い将来にやって来るのです。

自分の肉体で稼ぐ、会社に通い働いて給料をもらうという概念は、いずれなくなります。

「いつでも、どこでも働き、最低限のお金があれば、満たされた生活が手に入る」

そんな時代を、あなたはこれから生きていくのです。

お金がなくても最初の一歩を踏み出せる

「何をするにもお金が必要」――そう言い訳して諦める人、あなたの身近にもいるのではないでしょうか。何も変わらないのは、本当にお金がないことが原因だと思いますか？今の時代、クラウドファンディングなどの手法もあるわけですから、「お金がないからできない」という物事は、この世から消え去りつつあります。

会社だってそうです。かつては「起業するには1000万円の資本金がないといけない」という時代もありましたが、企業の価値観が変わってきている今、高校生が1万円のギターを購入してバンドを結成するようなノリで事業を起こせます。社長になれます。

とはいえ、理想や願望を語るだけで、クラウドファンディングでお金を集められたり、すぐに売上が立つわけではありません。プロジェクトにもよりますが、アイデアを練り、プロトタイプを作り、ある程度の見通しが立ってからでなければ、多くの場合、事業としては認めらないでしょう。「事業はお金がないときにこそ、あなたの地力を試される」と思ってください。

いずれにせよ、お金を準備するよりも先に、最初の一歩を踏み出した人が、夢や希望を実現できる時代です。たとえ賛同が得られず、はじめは支援者が現れなくても、あなたが自分の価値観を信じて突き進み、上手にテクノロジーを活用すれば、賛同者や協力者が自然と集まってくるようになるでしょう。

テクノロジーの素晴らしいところは、すべての人が平等に恩恵を受けられる点です。

生まれ育った環境やお金のあるなしに関わらず、誰もが自由に駆使できるのがテクノロジーです。

もしかすると、あなただって最初は、インターネットやカーナビ、スマホといったテクノロジーを取り入れることに、戸惑った1人かもしれません。それでも時間が経つにつれ受け入れられるようになり、今では当たり前のように利用しているでしょう。だから心配しなくても、この先、登場する新しいテクノロジーに、あなたはきっとすぐに順応し、自然と生活の一部として活用できるようになります。

私たち日本人は、IT革命による情報化社会が進む過程を一緒に歩んできました。富裕層にしか届かなかったパソコンや携帯電話も、今ではみんなが手にできるようになっているように、日本はかなり長い時間をかけて徐々にIT化が浸透していった印象があります。

よく聞く話で、中国で急速にキャッシュレス化が進んだのは、彼の国の社会が偽札で溢れているため、中国の人がそもそも現金自体を信用していないからだというのです。これは現金に信用がある国では起こりえない進化です。

このことを「リープフロッグ現象」いわゆるカエル跳び現象と言います。

東南アジアでは、日本でまずガラケーが普及したようなプロセスを飛び越え、いきなりiPhoneという未来の道具が日々の生活に登場したのです。日本人のような段階的な進化を踏むことなく、一気に最先端を取り入れる「リープフロッグ現象」が起きた国々では、最新テクノロジーを自由自在に操っています。

例えば、私の妻はベトナム人なのですが、祖国で暮らすお祖母さんが病気になってからというもの、毎日LINEのビデオ通話で会話をしています。ベトナムでは、相手の顔を見て話せるビデオ通話が主流だそうです。

ビデオ通話機能などないガラケー時代を経た日本人の中には、「携帯は通話ができれば十分」だと思っている人は、まだまだ多いですから、私は祖母と楽しそうに会話する妻の姿を見たときに、「リープフロッグ現象やん！」と妙に納得したことを覚えています。

また、妻から聞いた話では、ベトナム人の中には、日本のユニクロで商品を購入し、Facebookを介してベトナムで売るといった商売の仕方をしている人もいるそうです。そうした商魂たくましい話を聞くと、発想やアイデアはお金のない人のほうが豊かであり、柔軟なぶん、儲け方を見つけるのも早いのだろうと想像します。

今の時代、デジタルテクノロジーを駆使した人間が、お金を稼げるのです。

人間の感情や幸せ、感動を作るために、ダイレクトにそれらを実現してくれる魔法のアイテム＝デジタルテクノロジーを活用すれば、あなただって、何でもできるでしょう。

大事なのは、お金のことなど考えず、最初の一歩を踏み出せるかどうかです。

第3章

テクノロジーの進化がもたらした、近未来化された現代

テクノロジーの普及で領域が拡大する農業と工業

農業界で問題になっている、農業人口の減少や高齢化、そして後継者不足……これらの問題を解決するテクノロジーの普及が進んでいることを、知っていますか?
土地の改良から始まり、植えつけ、水やり、温度調整、収穫に至るまで、すべて自動化できるテクノロジーが開発されています。

まず、土地の改良については、「GeoMation」という空間情報ソリューションが活躍します。このGeoMationは、空間上の位置を示すさまざまな情報（地理空間情報）を電子的に処理する情報システムＧＩＳ（Geographic Information System ＝地理情報システム）を使うことで、地理空間情報を地図や３Ｄイメージなどの形で視覚化して表現し、複数の情報を組み合わせて高度な分析を行えるというもの。

わかりやすく言うと、科学知と伝統知をIT技術によって結合し、最適化できるシステムです。

GeoMationは幅広い分野で、現場から経営・マーケティングに至るあらゆる課題に対し、社会とビジネスのトレンドを先取りした最適なソリューションを導き出すことで、新たなエクスペリエンス（経験価値）を提供できると言われています。

そんなGeoMationの農業支援アプリケーションを利用すれば、農地や土壌を地図と関連付けて管理できることで、圃場《ほじょう》管理を効率化し、農機を自動運転して土地改良を行うなど、最適な営農をサポートしてもらえるのです。その結果、足腰の弱った高齢者でも、農業を継続することが可能になります。

また、収穫においては、数年前から日本の企業や大学で研究がなされており、農業収穫ロボットの開発が盛んになってきています。例えばイチゴであれば、夜間稼働するロボット、実に触れずに収穫し専用容器に収納するロボット、複数のアームを利用して収穫作業時間を短縮できるロボットなどのほか、最適な収穫時期をジャッジし、糖度も判断できるといった、これまで人間が手作業で行っていた感覚的な作業もロボットが担えるようになりました。

人手不足に加えて高齢化が加速する中、人の手に頼ってきた収穫作業を自動化できることの意義はとても大きいでしょう。これまで手作業で農作物を作っていた人間は、他の作業にあたることができますし、完全自動運転化されることで、農業はもちろん、工業の領域はものすごく広がるはずです。


実は私の事業の1つに、畜産プラントの設計・コンサルティング事業があります。リアルな話をすると、畜産経営は、エサの仕入れと肉豚や肉牛の販売で80％は決まる商売です。自動車の販売などとは異なり、畜産の場合は生産すれば全量売れるため、販売不振になることは絶対にありません。そのため、私たちの会社では、生産コストを下げ、収益を伸ばすというビジネスモデルを展開しています。

具体的に言うと、家畜を飼う土からコントロールし、遺伝子スペックから最適なエサを計算し、気温や環境を勘案して、一番安いコストでハイパフォーマンスな美味しい肉ができる提案をしています。

基本的に、肉や野菜は種＝ＤＮＡからできているものなので、必ず科学的アプローチが必要なのです。
野菜を育てるのに欠かせない栄養素には、窒素、リン酸、カリウムの3つがあり、「甘い野菜を作りたいならこの配合」などと、すべての配分は決まっています。

つまり、肉や野菜の味は、化学式で生み出せるのです。

すなわち、畜産も野菜も人間も、土でさえも、すべてがデータ化できます。土を変えれば野菜や肉の味が変わることも、気候や環境に左右されることも、現在ではデータ化できるのです。
ロボットが手間ひまかけて育てた美味しい野菜やお肉が食卓に並ぶ日もそう遠くはないでしょう。

映画「アイアンマン」の世界が現実になった

私は映画が好きでよく観るのですが、『バック・トゥ・ザ・フューチャー』や『インターステラー』『プライマー』など、宇宙や近未来を舞台にした名作は、何度観ても面白いですよね。子どもの頃は、劇中に登場する近未来科学の技術やアイテムが誕生するのはうんと遠いことのように感じていました。しかし、ドラえもんのひみつ道具と同様、現代ではかなり近いところまで来ているように思います。

ここでは、『アイアンマン』シリーズを例に、具体例を紹介します。

ロバート・ダウニー・ジュニア主演、ジョン・ファヴロー監督のマーベル・コミック映画『アイアンマン』シリーズは、天才科学者である主人公のトニー・スタークが、近未来科学を用いて悪と戦う、世界中で大ヒットを記録した作品です。

劇中では自身が開発した、科学技術の粋を集めたパワードスーツを着用することで、トニーがスーパーヒーロー「アイアンマン」として活躍する姿が描かれています。

長距離飛行特化型スーツ、マッハ5以上で飛行可能な高速飛行特化スーツ、宇宙活動を可能としたスーツ、作業用に重量に耐えるために特化した重量級スーツ、暴動鎮圧用スーツ、人命救助用スーツ、放射線やガンマ線を完全にシャットアウトするためのスーツ、ガンマ線や高圧の電流などに耐えられるスーツ、そして開発を重ねるうちにスーツは、遠隔操作や人工知能の相棒J.A.R.V.I.S.（ジャーヴィス）による操作が可能になります。そんなパワードスーツの性能に加え、不便なことがあれば確実に問題解決に繋がる武器やシステムも作り上げるトニーの発明は、心躍るものばかりです。

この作品を観て個人的にすごいなと思ったのは、敵となるテロリスト10人が登場し、それぞれが人質をとったら、アイアンマンのパワードスーツの肩からピストルが出て、テロリスト全員を同時に撃ち倒すシーン。カメラが搭載されており、同時にロックオンできるなんてことは、人間には到底できない芸当です。また、パワードスーツはジャーヴィスによる操作が可能です。ジャーヴィスは対話ができ、感情コミュニケーションができるロボットです。現代のクラウドと直結したロボットとは違う近未来ロボットだと感じました。
アイアンマンに登場したようなパワードスーツの実装はまだまだ困難だとしても、アイアンマンに登場する近未来科学の技術やアイテムは、福祉や医療の分野で活用されていくのではないでしょうか。

介護をする人、される人にも優しく、現在、介護の現場で問題になっている、肉体・精神的疲労を減少する役目を担うかもしれません。

事実、2018年にはソフトバンクグループがロボティクス分野のパイオニアであるBoston Dynamicsを買収しています。孫正義さんも、「ロボティクス分野を発展させ、生活をより快適・安全に、またより充実させることができるような活用方法を探求し続けるBoston Dynamicsをサポートしていくことを楽しみにしています」と語っているように、同社が開発した二足歩行のアトラスや四足歩行のスポットミニなどの技術が今後どのように活躍し、領域を広げていくのかには大変興味があります。

ＡＩやロボットの話になると、映画『ターミネーター』の殺人アンドロイドのイメージを抱く人がいますが、まったくもってそんなことはありません。メディアでも人間と敵対したり、相反する存在として取り上げたりすることがありますが、人間の頭脳とテクノロジーでは、圧倒的にテクノロジーが勝ります。それは「ウサイン・ボルトと車ではどちらが速いか」という問いや、「プロレスラーとショベルカー、どちらが力持ちか」という問いと同様、わかりきったことです。

しかし、それを使うのはあくまでも人間です。世の中を良くもできるし、悪くもできる。言ってしまえば、使い方次第なのです。

ただ、人間には感情があるため、〝わからない〟ということに、恐怖心を抱き見えない壁を作り出します。

ときとして新しいテクノロジーに対して批判的な意見が上がるのも、人間の感性が大きく関係しているのでしょう。だからこそ、人間の苦手とするところ、誰もが嫌がる仕事はテクノロジーに任せて、人間は人間らしいクリエイティブなことを行い、テクノロジーとうまく共存していけばいいのです。

世界中128カ国の人と一瞬で友だちになれる音声翻訳機

2020年から小学校の英語教育が必修化されます。私からすると、これだけ世の中に翻訳機が登場し、音声入力があれば世界各国の人たちとリアルに会話を楽しむことができるのに、何を今さら？　という気持ちが拭えません。

現在の日本企業では、TOEIC で800点くらい取れれば堪能な語学力があると認められていますが、そのレベルでは、ネイティブの小学生よりも劣ります。たかだか学校教育で週数時間の英語授業を10年前後学んだ程度では仕方がないでしょう。

確かに英語は必要ですが、語学を学ぶ時間とコストを考えれば、これからさらに進化するであろう音声翻訳機を1台手にしたほうが、明らかな時間削減になります。

例えば、2018年「日経優秀製品・サービス賞」の日本経済新聞賞最優秀賞を受賞した夢のＡＩ通訳機、POCKETALK®（ポケトーク）は、74の言語に対応しており、128の国と地域で、まるで通訳がいるかのように双方向で対話できる音声翻訳機として人気を博しています。これさえあれば、お互いの言語がわからなくても、スムーズに会話が成り立つのが特徴です。

この先、さらに音声翻訳機は進化するでしょうし、そうなれば同時通訳も可能になり、リアルタイムで会話が楽しめるはずです。テレビ放送だって、全世界に展開することも可能でしょう。

そう考えると、たった2カ国語が堪能になったところで、それほど優れた能力だとは感じられなくなるのも時間の問題です。

語学が好きで、機器に頼らずとも直接会話を楽しみたいという野心があるなら別として、義務的に語学を学んでいるのだとしたら、音声翻訳機に慣れ親しみ、使いこなせるようになっておいたほうが、近い将来、あなたのために役立つときが訪れるでしょう。

この話で連想してしまうのが、明治維新で廃刀令が下されたときのことです。それまで武士は、毎日のように刀の稽古をしていたと言われています。けれど、廃刀令が下されたと同時に、多くの武士が帯刀を禁じられてしまいました。それまでの鍛錬が、一瞬にして無になってしまったのです。

急な命令ではあったとしても、先見の明がある武士は、廃刀令が下されるずっと前から、新しい時代のために、秘かに操船技術やそろばんなどを練習をしていたのではないか……。そんなことを想像してしまいました。

学校教育を軽視するわけではありませんし、日本の教育には優れている部分がたくさんあると思っていますが、テクノロジーが発達していく中、時間をかけて得るスキルの多くはある意味で無駄になるのではないかと私は考えます。

逆に言うと、勉強が苦手だという学生は、時間をかけて習得するものは捨て、代替となるテクノロジーに慣れ、使いこなす能力を磨くほうが、時間をかけて習得した人たちよりも、はるかに早く次の時代に順応できるようになるでしょう。

新しいテクノロジーができても商習慣の変化には年月がかかる

ここまでテクノロジーの進化と活用についてお話ししてきました。しかし、実際のところ、人間が新たなテクノロジーを受け入れるには、20〜30年はかかるのではないかと思います。つまりはテクノロジーの進化に、人間が追いつかなくなることが予測されるということです。その理由は多くの人間が〝思い込み〟に支配されているからです。

例えば、これだけインターネットが普及しても、未だに本は書店で、洋服はショップで、映画は映画館で、音楽はCDショップで購入するという人がいます。それが良い、悪いではなく、インターネットでの購入の利便性に気づき、自分の生活に馴染み、定着するまでには、20〜30年の歳月を要するのです。

しかし、30年も経てば、書店や映画館がなくなっていても、不思議ではありません。思い返してみてください。私たちが生きてきた時代でも、知らず知らずのうちに、新しいものに変わっていた商品がありますよね？　カセットテープやＭＤ、ウォークマンが良い例でしょう。新商品と旧商品がしばらく一緒に店頭に並んでいる時期もありましたが、旧商品は時間と共に消え去っていたはずです。

先日、遠い親戚の葬儀に参列しました。「葬儀で日本人が着物を着なくなったのはいつからなんだろう？」ふと、そんなことを考え、母や祖母、曽祖母を思い出してみると、確か祖母までは着物を着ていたような記憶が蘇りました。しかし、母の代は、すでに着物世代ではなくなっていたんですね。昭和30年代から、葬儀では男女共に喪主や親族以外は和装よりも洋装が主流となったようで、以降徐々に洋装にシフトしていったのでしょう。葬儀の服装１つとっても、時代の移り変わりが見てとれるのです。

このように、変わっていないようで変わっていることが、身のまわりにはたくさんあるのではないでしょうか。しかもその多くは、平均すると20～30年近くの時間を要して移行しているものばかりです。

昭和や平成時代を賑わせた名品も、この20～30年で役割を終え、消えてしまったものが数多くあります。ポケベルやテレホンカード、VHSビデオ、カセットテープ、ワープロ、フロッピーディスクなどがそうでしょう。そして今、スマホの流行によって、電卓や時計、万年筆などの商品も実用品というよりも嗜好品の側面が強くなっています。

そうすると、これから先も、新しいテクノロジーが登場すれば、なくなるものがたくさん出てくるはずです。とは言え、淘汰されたという現実が一般化され、人々の記憶から薄れていくのにも、やはり20〜30年の期間は必要なのかもしれません。

もはや人間は働く必要はない？

なぜ人間は働かなくてはいけないと思い込んでいるのでしょうか？

人間が高度な文明を築き上げたのは、ラクに暮らせる状態、働かなくていい状態を目指していたからです。それにもかかわらず、やることがなくなると「仕事が欲しい」と人は嘆きます。その場合、本当に欲しているのは、仕事ではなくお金です。衣食住が無料になれば、働かなくてもいいという概念が生まれるのかもしれませんが、そうではない限り、本能的に「働く」ことを人間は求めてしまうのです。

歴史のさまざまな時点で、多くの国が奴隷に頼っていたとされていますが、古代ローマの奴隷労働力への依存度は、世界史上でも際立っているのではないでしょうか。奴隷の数を維持して、労働力を保つために、ローマ帝国はひたすら周辺地域を征服し続けて、奴隷を確保しなくてはなりませんでした。一時期は、ローマの人口の30％が奴隷で占められ、「生まれるよりも死ぬほうが多い」とまで言われたこともあったそうです。

そうした古代ローマ、古代ギリシャ時代の慣習が、現在もなお、続いているのです。あえて言うなら、工場のライン作業や農作物の育成、収穫といった仕事は、ＡＩやロボットに交代してもらい、人間はそうした労働から解放されるべきです。

例えば前項でも紹介したように、ハウスや農場にカメラが設置してあり、湿度や温度を整え、農作物を勝手に育てて収穫してくれるロボットがあれば、人手はいらないでしょう。それでいて収益が得られるのであれば、労働＝お金の問題は解決されます。

このように、人間がやっている仕事をロボットに任せることによって、働かなくてもいい慣習を作っていくことは、決して悪いことではありません。

日本でもベーシックインカム制度（政府が全国民に対して、生活に最低限必要な額の現金を定期的に支給する政策）の導入が議論されていますが、経済的にも、人間に替わってロボットが生産性を上げれば、ＧＤＰ（国内総生産）の数値が下がることはありません。現時点でも、ロボットが貢献している部分は大きいのですから、それでＧＤＰが上昇するのであれば、何ら問題はないのではないでしょうか。

今はまだ、ピンとこない人もいるかもしれませんが、今ある仕事がなくなるということを実感できるようになれば、あなたもテクノロジーがわかってきた証拠です。

自動運転タクシーがスマホのワンタッチでやってくる

ラスベガスで開かれた、世界最大級の家電見本市「ＣＥＳ２０１９」に、今年も参加してきました。やはりここでも、テクノロジーを活用した近未来のアイテムが多数、発表されていました。

例えば、「Bell Helicopter」のブースでは、未来の空飛ぶタクシー「Bell Nexus」が展示され、人だかりができていました。

操縦はコンピュータでも人間でも可能で、人間がパイロットになる場合でも、ヘリコプターや飛行機と違って、操縦できるようになるまでさほど時間はかからないそうです。乗客４人とパイロット１人の計５人乗りで、将来的には操縦も自動化していくという発表がありました。

類似の話題として、ドイツのドローンヘリタクシー「Volocopter」も実装実験が進んでおり、シンガポールでの導入が発表されています。「Volocopter」は18個のローターを持つパイロット不要の2人乗りヘリタクシーで、主要な建物の屋上に「Skyport Station」という乗り場を設け、ステーション間をボタン1つで行き来できるシステムを理想に掲げています。

電気駆動であるヘリタクシー「Volocopter」はゼロエミッションで、音も小さめに抑えられ環境と人、両方に優しいそう。1回の充電で30キロ圏内の飛行が可能と言われています。

空飛ぶタクシーが実現すれば、交通渋滞の激しい大都市では移動にかかる時間の削減が図れるでしょう。そしていずれは、ワンタッチで空飛ぶタクシーが飛んでくるのはもちろん、個人の生活に合わせてパーソナライズされ、サイズ的にも小さくなるのは時間の問題でしょう。映画『スター・ウォーズ』の世界が現実と化すのも、そう遠くありません。

その際、未来の乗り物が浸透するのが先なのか、行きたい先の空間がこちらに移動してくるのが先になるのかは、どちらの可能性もあると私は思います。

こうした観点から学校教育を考えると、スマホやタブレットはもちろん、教室を再現したプロジェクションマッピングなどのＶＲ（仮想現実）で、生徒はいつでも、登校せずとも学習が可能になります。

これらのテクノロジーを組み合わせることで、早い段階から触覚や嗅覚、味覚なども再現されていくことでしょう。

こうしたテクノロジーを使った教育は、国や地域を超えて、グローバルレベルで学ぶことも可能にします。テクノロジーの進化により生活、教育、仕事、すべてにおいて変革の時が訪れるのは、避けようのない事実です。

人気女子アナは人間じゃなかった

２０１８年11月、中国・国営新華社通信が〝世界初〟のＡＩアナウンサーがデビューしたというニュースを発表し話題になりました。しかし日本では、それ以前から各局がＡＩアナウンサーを開発し、実証実験を進めています。

ＮＨＫが開発した「ニュースのヨミ子」は、３ＤＣＧの人造アナウンサーとして、ニュース番組『ニュースチェック11』において、音声合成でニュースを読み上げるリポーターとして登場しています。ＴＢＳでは「いらすとキャスター」と称するバーチャルYouTuber（VTuber）のニュースキャスターが、ニュースサイト『TBS NEWS』のTwitterでニュースを伝えています。

そうした各局の取り組みの中でも一番、力を入れているのが、日本テレビのＡＩアナウンサー、アンドロイドの「アオイエリカ（AOI ERICA）」ではないでしょうか。

同局の公式ホームページの「アナウンスルーム」にも、アナウンサーの1人として紹介されていますし、他の女子アナ同様、Twitterで情報を発信しています。Twitterでは〝エリカの誰かに話したい『今日は何の日？』〟というコーナーを開設しており、人間さながら、さまざまなコスチュームやアイテムで登場して話題になっています。

2019年3月に行われた日本テレビグループ各社、ネットワーク各社が出展する「NITTECH2019（日テク）」でも『アオイエリカと無人のスタジオ』と題した、カメラもスイッチャーも無人のスタジオで、アオイエリカが進行を務めるゼロオペ番組制作の特別展示が行われました。

番組には人間のゲストが登場し、アオイエリカとテンポの良い会話を展開。急なアドリブにも見事に対応していました。さらにそこに外国人ゲストが加わると、アオイエリカが英語と日本語の翻訳を瞬時に行い、1人何役もこなすという活躍ぶりを発揮。

会話に関して言えば、多少、返答するまでに間が空くなど若干のタイムラグはあるものの、これも5G開始により処理能力が上がれば、さらに自然な会話が実現するでしょう。

このように、超難関職業とされるアナウンサーですら、ＡＩが行うようになっています。メディアでは、「アナウンサーもＡＩに職を奪われる職業」などとはやし立てたりしていますが、活用次第では人間にもメリットはたくさんあります。例えば、昨今の働き方改革にも有効ですし、早朝や深夜、ならびに災害時の緊急ニュース速報など、情報を発信することに特化するのであれば、ＡＩアナウンサーの役割は大きいといった現場の声も、実際に上がっているそうです。

どの業界でも作業の「ロボット化」により多くの人が仕事を奪われるという議論がなされていますが、それ以上にテクノロジーの進歩は多くの可能性をもたらすのです。

テクノロジーは〝雇用を奪うもの〟ではなく、〝今までとは違う雇用を生み出してくれるもの〟であるという期待のほうが大きいと言っていいでしょう。

ロケットを使えば地球上どこでも1時間で行ける

もし、たった1時間で地球上のどこへでも行けるようになったとしたら、あなたはどこに行きたいですか?

日本ではリニア新幹線の誕生により、2027年に東京～名古屋間が40分、2037年には東京～大阪間が、わずか67分で結ばれることが予定されています。飛行機よりも速く、関東圏と中京・関西圏が結ばれるなんて、50年前には考えられなかったことです。

しかしながら、同じ1時間でも、世界では冒頭のような宇宙規模の話題が飛びかっています。

2018年、Virgin Galacticが、イタリア最大の航空宇宙会社2社との間にパートナーシップを締結し、宇宙船の空港を建設中であると発表しました。

また、宇宙企業スペースXを率いるイーロン・マスクも、２０１７年の「国際宇宙会議２０１７」の壇上で「ＢＦＲ」と名づけられた、一度に１００人以上が乗れる巨大なロケットを使い、ニューヨークから上海を39分で結ぶという構想を語りました。

たった1時間で地球上のどこへでも行けるようになる時代が、じきに訪れるのです。いずれも実現すれば、さらに人と物の移動時間が大幅に短縮され、世界は想像もできないほど大きく変わるでしょう。

こうなると、国と国との争いも、地球上ではなく、宇宙規模で行われる可能性があります。

この記事を書いているつい先日（２０１９年3月28日）も、朝日新聞デジタルにて、「インドが宇宙衛星の撃ち落としに成功したことで宇宙ごみが発生したことを、アメリカが非難している」という記事がウェブ上に掲載されていました。

少し前の6月18日には、アメリカのドナルド・トランプ大統領が、米国防総省（ＤｏＤ）に対し、「Space Force（宇宙軍）」の設立を直ちに開始するよう命じたというニュースもありました。

トランプ大統領は、「宇宙で米国が支配権を持たなければ」と言っていましたが、宇宙空間は、どの国の法律・規制も適用されないエリアです。国際ルールでは、天体を領有・所有・占拠（独占）することを禁止していますが、宇宙空間を利用することを禁じているわけではありません。

そうなると、地球上のどこへでも1時間で行けるようになることがいくら素晴らしくても、まずは法律を整備しなければ、科学文明も宝の持ち腐れ。宇宙空間の決まりを話し合うことが、国と国との宇宙規模の戦争に発展してしまっては、本末転倒です。

とはいえ、地球上どこへでも1時間で行き来できるようになるなんて、また一歩、ドラえもんの未来が近づいている気がします。こうした積み重ねにより、どこでもドアならぬ瞬間移動が可能になる日が訪れるのかもしれません。

テクノロジーが進歩するからこそ起こりうる原点回帰

本章では、近未来化した現代の話や、今後起こりうるであろう近い将来の話をしてきましたが、本当のところ、テクノロジーの進歩の先にある未来はどうなっているのか、私はたまに想像することがあります。

例えば家事。掃除・洗濯・炊事の三大家事が自動化され、家事をしなくてもいい未来が訪れたら、時間と心に余裕が生まれることで、人間は逆に家事がやりたくなるという現象が起きると思いませんか？

毎日、食べたい物が勝手に提供されるけれど、面倒くさくてもあえて自分で料理をしてみたくなる——クックパッドを見て料理をすることが、未来ではクラシックな趣味とみなされるかもしれません。

学校教育にしても、完全自動運転の車で通学できるけれど、あえて歩いて通学したくなったり、教師ロボットが教鞭を執り、自宅でも学校と同じように授業を受けることができるようになったとしても、結果的に人間同士の関係は学校でしか築けないということに気づき、現在のスタイルに立ち返るといった可能性だってあります。

ただ、その際の原点回帰には、アシスティブ・テクノロジー（個々の身体機能や認知理解度に応じた、きめ細かな技術的支援技術）の活用は必須ですし、ヒューマンコミュニケーションにおいてもテクノロジーの活躍は欠かせません。

何が言いたいかというと、

この先テクノロジーが進化すれば、進化したうえでの「ないものねだり」が起こりうるという話です。

〝欲望が満たされれば幸せになれる〟とは限らないということは、あなたもこれまでの人生において、きっと経験済みでしょう。

これだけ目まぐるしく時代が移り行く中、学校教育も制度や方針が変わってはいますが、さらに進化した近未来では、学校教育においても柔軟な対応がされるようになっていて欲しいと願うばかりです。

学校教育といえば、2020年からプログラミング教育が小学校で必修化されますが、そう遠くない未来には、AIが勝手にプログラミングするようになります。とすれば、今頃プログラミングを勉強しても、それが10年後に活かせるかどうかは疑問です。数字や言語化されているものを習得するのが一番得意なのがAIです。人間が昨日や今日学んだところで、AIに追いつくのは不可能でしょう。

考えてみれば、学校教育の基本は、夏目漱石が教壇に立っていた約120年前の教育とほとんど変わっていません。これだけ時代が移り変わっても、そのベースが変わっていないことに危機感を覚えるのは、私だけではないはずです。従来の学校教育は、インターネットがない時代の産物です。

では、インターネットが普及し、IoTやAIの実装が進む今、それが望ましい学習と言えるのでしょうか。今の学校教育が悪いという話ではなく、妄信してはいけないと感じることが、企業でも教育でも、あらゆる面で言えるからです。

人間がやりたくないこと、難しいと感じること、人間でなくてもいいと思うようなすべてのことをＡＩが担い、ＶＲに満たされるようになったとしたら、原点に立ち返ることに意義を見出す人は、きっといるはずです。

「昭和の暮らし」を疑似体験する人が現れたり、「人間らしさとは何か」を追求することに美徳を感じたり、古典的な事象に関心を抱く人もいるかもしれません。

テクノロジーが進化するからこそ、人間らしさや心を重視する教育も盛んになるような気もします。

いつの時代も悩みや問題が尽きないように、いくらテクノロジーにより人間がラクをできるようになっても、そこにはまた新たな問題や課題が生じるでしょう。生活の豊かさ、便利さは加速しても、ロボットではない人間の心はコントロールできません。ときに悩みもがき、それを乗り越え成長することが、〝人間らしさ〟であり、生きることでもあると私は考えます。

牛も豚も鶏も殺さない人工「培養肉」がいよいよ本格化へ

「家畜食べるなんて野蛮だよ！」

そう言われる未来が訪れる開発が今、日本やアメリカ、オランダでは着々と進んでいます。

その1つである「培養肉」とは、名前通り、動物細胞から培養された〝ラボ産のお肉〟のこと。培養槽で肉を製造することで、屠畜を減らすことに繋がるうえ、炭素排出量も大幅に削減できることから環境にも優しいなどと言われています。

鶏肉の精肉1キロを作るには穀物が2キロ必要で、豚肉1キロには穀物3キロ、牛肉1キロには穀物7キロが必要と言われていますから、骨や羽、毛のない肉を生育すれば、同じコストや時間で、より大量の肉が入手できるというメリットがあります。

現在、世界中に食糧難で苦しむ人たちが何億人と存在します。しかし、家畜そのものだけでなく、〝家畜に食べさせるための家畜〟を含めると、食糧難で苦しんでいる人たちよりもはるかに多い家畜がいるのです。

ですから、培養肉の生産が具現化すれば、その何億人といる食糧難の人たちにも食料を分け与えることができるでしょう。

２０１９年3月に、日清食品ホールディングスと東京大学生産技術研究所が、世界初の「サイコロステーキ状のウシ筋組織の培養」に成功したというニュースが配信されていました。

これまで、動物の細胞から肉を培養する研究は世界各国で行われていましたが、そのほとんどが、「ミンチ状の培養肉」を作成する研究です。しかし、同プロジェクトは、ステーキ肉を頬張ったときの噛み応えを再現した「ステーキ肉」に挑戦しました。見た目はまるでコンニャクみたいなこのステーキ肉が店頭に並ぶ日も、そう遠くないと感じます。

日清食品と言えば、看板商品の「カップヌードル」がありますが、同商品には〝謎肉〟と呼ばれる〝大豆と肉由来の原料に、野菜などで味付けをしたミンチ肉〟が入っていますね。これから登場するであろう培養肉も、今はまだ〝謎肉〟と言われてしまうかもしれません。

しかし、培養肉がメインとなる未来には、子どもたちから「昔の人は牛や豚を食べてたの？」なんて尋ねられる日が訪れるのでしょう。

今ある仕事の8割が消えていく

第4章

四次元ポケット

テクノロジーの変化を受け入れていく

デジタルデバイド

ひみつ道具

思い込みによって不可能とされてきたサービス

複合現実体験

人間の可能性や能力をサポートする

デジタルヒューマン技術

夢＝妄想力

未来の道具使いのプロ

ノビタランド

これからなくなる仕事とは？

ＡＩやロボットが代替作業を行ってくれるようになることから、ここ数年、メディアでも、今後「なくなる仕事」「残る仕事」などを紹介する記事が多数取り上げられています。なくなる仕事では、銀行の融資担当者、スポーツの審判、不動産ブローカー、レストランの案内係、動物のブリーダー、電話オペレーター、レジ係、集金人、ホテルの受付係、データ入力作業員、建設機器のオペレーターなど、コンピュータに取って代わられる職業が多く挙がっています。

一方、なくならない仕事としては、精神科医、言語聴覚士、助産師、教員、ゲームクリエイター、ソムリエ、ツアーコンダクター、作詞家・作曲家、美容師などが挙げられています。

これらなくならない仕事の共通点は、人間の感情や創造性、教育といった、何かを生み出したり、人の心に寄り添うような職業であることです。

すでに大手チェーンの飲食店などではセルフ化が進んでいますから、コンビニやスーパー、ファーストフードなどの店員の仕事はいち早くなくなるのではないでしょうか。こうした無人化の流れは、タクシーやバス、電車や新幹線の運転手にも及び、やがては調理、医療、清掃、高齢者介護などのサービス産業で、ロボットが複雑な作業を担うことになっていくでしょう。

先日、3歳の息子に「もうすぐ車は自動で運転されるようになって交通事故もなくなるんだよ」と話したところ、「どうして交通事故がなくなるの？」と質問されました。

私が想像するに、完全自動運転になる頃には、町中の至るところにカメラが設置され、1つのコンピュータで一括処理を行うことができるようになります。360度、24時間監視を行い、ネットワークと繋げられるようになるのです。

だからもし、信号無視や暴走をしようものなら、勝手に車が停まる仕組みになっていたり、故障もいち早く察知するため、今よりも事故や犯罪は少なくなるでしょう。そうなると警察はスピード違反などの交通関係の取り締まりをする必要がなくなりますから、町の安全を守るというよりも、人と人との争いを仲裁する役割しかなくなるかもしれません。

この手の話になると、人間は「仕事がなくなる」「仕事が奪われる」という発想を抱きがちですが、決してそんなことはありません。大昔はまだ家電などなく、あらゆる家事を手作業で行ってきたわけですが、家電が登場したから職業難になって困ったという話は聞いたことがありません。テクノロジーが進化すれば、自然と人間もそれに適応するのです。そして機械に仕事を任せて余った時間を利用して、新しい技術や知恵を想像するようになります。

もともと、ロボットやコンピュータは、クリエイティブな作業には不向きです。

人間にしかできない高次元のクリエイティブな作業に、より集中できる未来が待ち受けているでしょう。

昔、専業主婦という仕事があった

炊事、洗濯、掃除など、生活全般のための作業をこなし、家庭を切り盛りしてきた「専業主婦」。

高度経済成長期の日本の家庭、家族は、この専業主婦の内助の功により支えられてきたといっても過言ではありません。

専業主婦の仕事のうちの多くが、この先、ＡＩを中心としたテクノロジーに取って代わられる時代がやってきました。

専業主婦という仕事自体、近い将来なくなることが予測されます。

勉強を教えたり、子どもに寄り添ったり、ときに勇気づけたりといった作業でさえも、ロボットやＡＩが代役を務める時代がやってきます。

そう遠くない将来、私たちの家庭生活から、専業主婦という役割が消え、女性たちは、仕事や趣味、社会活動に、どんどん進出してゆく――そんな時代がやってきます。

主婦だけではありません。

今後10～20年で、雇用者の約47％の仕事が自動化されるといった予測もあるそうです。

これは、仕事の作業の中で単純労働が多くの人に振り分けられなくなるということです。すべての売買がＩＴの直接仲介によるＢtoＣ、ＣtoＣ取引になるので、仲介業者が一切いらなくなります。

スピード化、効率化などが優先されることで仲介業者はほとんど消えていくでしょう。同様に、ヒュージャックマン主演の映画『リアルスティール』のように、人間がロボットを遠隔操作して戦うようになる時代も目の前に迫っています。

現在、ロボットの拡張技術、人工知能の開発がどんどん進み、チェス、将棋、囲碁では名人もロボットには敵わなくなりました。

また、ロボットの運動能力の拡張機能も進み、人間が何万回も投球練習を繰り返し身につけた投球技術がロボットの目を通し、たった数秒でプログラミングされ、まったく同じ動作でより速いスピードで球を投げることも可能になります。

大谷翔平選手の投球フォームをロボットがプログラミングし、ロボットが高校球児のフォーム矯正をして、大リーグで活躍するような選手が育つ日がやってくる可能性もあります。

さらに進んで、人間の体内にチップを埋め込み、人間の身体能力を超えた運動機能を引き出すようなアプローチも夢ではありません。

人間の身体を動かしているのは脳からの電気信号なので、それをうまく使うことによって超人的パワーを発揮する選手が出てくるのです。

プロの選手が何万回投球練習したのと同じ効果が、わずか1週間くらいで得られるようになるかもしれません。

専業主婦の話からかなり飛躍しましたが、今ある職業にこだわるのではなく、時代に応じた生き方、働き方がこれからは求められていくでしょう。

「先生」たちが引きずりおろされる未来

「先生」と呼ばれる人たちは数多くいますが、それらの職種がＡＩに代替されることも、十分に考えられます。

医師であれば、〝神の手〟を持つ人よりも、０・０００１ミリも狂いのないＡＩのほうが、より正確な手術ができます。人間と違ってその日のコンディションに左右されることがないため、高確率で手術は成功するでしょう。

では、教師はどうでしょうか。現在の日本の教育では、先生の主観で物事をジャッジする場面が往々にしてあるのではないかと思います。生徒の受け取り方も「あの先生は良い」「あの先生は教え方が下手」などと個人的な評価になりがちですし、先生も自身の経験や思想によって、偏りが出てしまいがちです。

若いから経験が少ないとは限りませんが、大学を出たばかりの20代前半の先生と、その道一筋20年の先生では、良くも悪くも得る情報や判断、対応に違いが出るでしょう。

また、人間性は面白くても、正しい教育、正しいジャッジとなると話は別です。ですから、ＡＩでその基準を統一してしまったほうが、教育に差は出ません。全国各地、どこにいても授業要項はまるきり同じで、ある種、平等な教育が受けられるようになります。


特に学校のように外部から隔離された環境では、慣習や思い込みに支配される風潮が顕著です。どうして制服が必要なのか？　そもそも体操服は必要なのか？　熱血指導の部活動にも疑問を抱きます。どういう根拠からスポーツのコーチが子どもに強くなること、うまくなることを強要するのか。私はスポーツを、人生の考え方をエクササイズする場と捉えたほうが、絶対に楽しいと思います。

そう、大事なのは捉え方。柔軟さではないでしょうか。


学校教育の内容もかなり分析されて、教育の最適化が図られる時代です。その中で、子どもたちの埋もれている才能を開花させる教育も重要かもしれません。

ＡＩは子どもたちの身体的特徴、遺伝的特徴、動作、趣味嗜好、空間認識能力などを計測、分析して、それらを組み合わせて最適な才能を発掘してくれます。

例えば、国語が得意だと思っていた子が、実は算数のほうができる素養を持っていた、サッカーよりも野球のほうに向いているセンスがあったなどと、子どもが自分でも気づかなかった潜在的な長所を発掘できるのも、AIならではの特徴です。

ＡＩの導入により、これまで特権階級だとされてきた、「先生」と呼ばれる人たちの生き方にも影響が出てくるかもしれません。

亡くなった両親とも再会！データを残すことでタイムマシーンが実現

あなたには、もう一度会って話してみたい人はいますか？　もうこの世にはいないけれど、もう一度だけ会いたい。話してみたい。そんな願いが実現する〝デジタルヒューマン技術〟が開発されています。

亡くなった人と再会するためには、生前の音声データや画像に加え、故人の性格や口癖といったパーソナル情報が必要になりますが、逆に言えば、それらさえ揃えば、違和感なく自然に会話ができるのです。

この技術を駆使した番組が、以前放送されていました（『復活の日～もしも死んだ人と会えるなら～』。２０１９年3月28日放送／ＮＨＫ総合）。ゲストとして出演したタレントの出川哲朗さんが、８年前に亡くなった母親と〝デジタルヒューマン〟プロジェクトで再会するという内容です。

番組では、デジタル技術による表現力と綿密な取材で、生前の母親の姿をモニターに再現し、在りし日の声そのままのお母さんと出川さんが会話を交わしました。後日、YouTube上で番組の裏側という動画を拝見したのですが、プロジェクト担当者によると、髪型、表情、身体、ファッションと、各分野の専門家が集結し、1人の人間を表現できたと話していました。

テレビ越しにも、まるでお母さんが生きているかのように見えましたし、出川さん自身もそのリアルさに号泣し、生前、言えなかった「ありがとう」を伝えていました。

私はそのシーンを見て、こうした取り組みが一般的に具現化すれば、死に対する恐怖は、今よりも薄れるのではないかと思いました。

加えて、普段の会話や過去の経験、知識といったバックヤードまでプログラミングしておけば、会話ロジックと感覚ロジックの両方のデータが取得でき、よりリアリティーが増した再現が可能になるでしょう。

他にも、それと似たテクノロジーで、たった30分の会話をモニタリングすれば、ほぼその人の趣味嗜好がわかるという技術も開発されていると聞いたことがあります。生前データとして、そういったテクノロジーも活用しておくと、デジタルヒューマンの製作にもより活きるのではないでしょうか。

科学的な話をすると、人間は複雑な感情の中で自らが行動を選択しているように見えて、実は個々の遺伝子プログラムにより選ばされているそうです。それは、〝動かされている〟という表現のほうが近いかもしれません。

あなたの現在の職業だって、自分で選択したつもりかもしれませんが、実は遺伝子プログラムにより必然的にそこにたどり着いているそうです。

それを実証する番組が、『ファミリーヒストリー』（NHK総合）です。

同番組は、ゲストの家族史を何代にもさかのぼり徹底取材して、本人も知らない家族の秘話から、自らの「アイデンティティ」や「家族の絆」を見つめるというものです。

2015年に放送された、タレントの中川翔子さんがゲストの回では、先祖に、中川さんと同じように絵が好きで、生き方が似ている人がいたことがわかりました。中川さんはそれを知り、「大事なものは全部先祖からいただいていたのかもしれないと強く思いました」と感想を語っていました。
番組では、遺伝により引き継がれているという科学的根拠も解説されていましたが、アイデンティティと言われるものも、個性というよりは遺伝子的な部分が大きいのだと私は実感したのです。

このことから、日々の記録を残しておき、そのデータをもとにテクノロジーを活用すれば、死生観や時間の概念をも変え、過去にも、未来にも行き来できるタイムマシーンのような技術が作り出せるのだと私は考えます。

顔認証ソフトが発達すれば、店員はすべていらなくなる

カメラやソフトでは日本は最先端を行っていますが、それらをどう組み合わせるかにおいては、中国のほうが進んでいます。

中国は言わずもがなのスーパー監視社会です。中国共産党政権は2014年、「社会信用システム構築計画綱要（2014〜2020年）」を発表。それによると、国民の個人情報をデータベース化し、国民の信用ランクを作成。中国共産党政権を批判した言動の有無や反体制デモの参加の有無、違法行為の有無などをスコア化し、一定のスコアが貯まると「危険分子」「反体制分子」としてブラックリストに計上し、リストに掲載された国民は「社会信用スコア」の低い二等国民とみなされ、社会的優遇や保護を失うことになる、という仕組みです。（※参照「アゴラ」2019年3月10日　長谷川良『中国の監視社会と「信用スコア」』）

中国は他にも、Alibaba や Tencent で信用スコアの展開が進んでおり、特に Alibaba が

展開する「芝麻信用」は、中国社会では大きな存在感を示しています。例えば、芝麻信用スコアが高いと、シェアサービスなどのデポジット（保証金）を免除されたり、出国手続きが一部簡素化できるというメリットがあります。一方でスコアが低いと、公共交通機関による移動が制限されたり、企業の採用に不利になることもあると言われています。また、結婚においても、お互いの信用スコアが相手を判断する要素になるそうです。

中国ほどではないにしろ、欧米でも「社会信用スコア」化は進んでいますが、どちらかというと「経済信用スコア」としての機能のほうが強いとも言われています。

中国では、発言、行動、購買履歴など、すべてが監視されています。と同時に、個人情報がすべてデータ化されているため、無人化されたショップも近年増加しています。例えば上海にある書店では、顔認証した人しか入店できない仕組みになっており、気に入った本が見つかれば、それを手にしたまま出口を通れば決済が行われるといったシステムになっています。

日本でも表沙汰にはなっていないだけで、あらゆる個人データが国家や企業に掌握されているのではないでしょうか。

ただ、国民性として監視や無人化といったことに抵抗感があるように感じられます。しかし中国は、国籍がない人も数多く存在しているため、顔認証なり、スコアリングといった手法が必要視されているのでしょう。また、あくまで私の主観ですが、農村部などの役人が作った書類データよりも、デジタルデータのほうがはるかに信頼性が高いような気もします。

現状、日本では社会信用スコアの必要性は感じられていませんが、外国人労働者も増えていますし、将来的に海外国籍の人が2〜3割にもなってしまった場合には、「社会信用スコア」のような、信用を補完するものが必要になってくる可能性はあります。

そうしたら、今よりもっと無人化に対する抵抗感は薄れ、データベースも経済面だけでなく、借金しやすい、不倫しやすいといったスコアリングも露出することになるかもしれません。

作家や漫画家も不要!? AIがベストセラー作家になる時代へ向けて

これまでも何度か触れましたが、私はAIやテクノロジーの進化により、人間が仕事をしなくても良くなる時代が来ると考えています。AIに仕事を取られるという発想ではなく、人間の〝聖域〟であるクリエイティブな業種は伸びるでしょうし、〝仕事〟という概念を離れ、個々の好きなこと、得意とする分野でお金を稼げるようになると想像します。

とはいえ、AIもかなりクリエイティブな領域に浸透するのではないか、そんな予感がしています。

例えば、サッカーの解説もAIが担えるでしょうし、人間の審判など不要で、サッカーボールにセンサーを埋め込んだり、ドローン審判を取り入れるという方法も考えられます。
また、これまでの芥川賞作品を学習させ、AIがベストセラーを書くようになるかもしれません。

過去に受賞した芥川賞作家の作品って、ときおり読んでいても意味のわからない文章が出てくることがありませんか？　綺麗な言葉が並べられ、あたかも奥深い雰囲気をかもし出しているのですが、それを人間が心地良いと感じ、意味があると思い込んで読んできたのではないか……などと思うことが私はあります。

読書と言えば、最近、私は速読を会得したのですが、結果、その本の主軸となる要点のみを抽出できるようになりました。大概どの本もポイントは2つか3つしかなく、あとのページは同じことを多様な表現で繰り返しているだけです。しかし、本とはそういうもので、人間はロジックを作るために、法則性を描くために読書をしているのかもしれません。

話が逸れてしまいましたが、ＡＩがベストセラー作家を創出するとなれば、漫画家の仕事もなくなる、もしくはかなりの簡略化が図れるのではないかと予測します。例えば、「このキャラクターをこういうポーズにしたい」と自身でポージングすれば、漫画っぽい画風で作れてしまうなど、作画も気軽にできるようになるはずです。

人気漫画家も、コマ割りのテンプレートを使いまわして作成していると聞いたことがありますから、細かい部分でも職業によりＡＩが進出してくる未来が想像できます。

何度も言いますが、

大量の仕事が消えることにより、人間は仕事をしなくても良くなり、今よりもラクに、自由な生活が実現します。

一方では、ＡＩをアシストしたり、「ＡＩ活用マスター」なるアドバイザーが出てくるなど、新たな仕事も生まれますから、何ら心配はいらないでしょう。

人間のほうがクリエイティブな作業は得意ですが、そこにこだわるのではなく、ＡＩを活用して、いかに自分にとって楽しくてラクができて便利な生活を手に入れるか……。それがこれからの時代のテーマでしょう。

第5章

ドラえもんの「ひみつ道具」はここまで現実になった

ひみつ道具：ポラロイドインスタントミニチュアせいぞうカメラ

3Dプリンターで何でも再現可能に

アニメ『ドラえもん』が始まった当初は、四次元ポケットから出るひみつ道具はすべてSF世界のものでした。しかしそれから40年が経ち、数々のひみつ道具が実用化されています。本章では、すでに実装されている新技術とドラえもんのひみつ道具を照らし合わせて紹介します。

まずはじめは、「ポラロイドインスタントミニチュアせいぞうカメラ」です。このカメラで写し出したものは、生物・背景の景色を除き、すべてミニチュア版で忠実に再現します。例えば高層ビルを撮影すれば、素材（ガラス・壁・屋根）はもちろん、ビルの中のオフィスやホテル、テナントまで、リアルに再現されます。ミニチュアとはいえ、お店で販売している本やケーキまでそのまま複製されるため、どら焼きでもオモチャでもなんでも手に入ってしまう道具です。

このひみつ道具は、現代で言う3Dプリンターです。3Dプリンターとは、データをもとに、原材料を一層一層少しずつ積層しながら、立体物を印刷する技術です。

私の知人に3Dプリンターの事業をしている人がいるのですが、聞くと、

300個のカメラを駆使すると、たった1秒で人体データを採取することが可能だそう。そして、そのデータを3Dプリンターで印刷すれば、姿形がそのまま再現されると言います。

この技術を使えば、これまで輸出していた車のパーツ等も、原材料と3Dプリンターさえあれば、世界中どこでも作れるようになります。現実的には関税などの問題もあるかと思いますが、3Dプリンターの技術をもってすれば、国の境もなくなってくるでしょう。

そしていずれは、ドラえもんと同様、カメラで撮れば何でも再現できるようになる時代が訪れるはずです。

日本でもそうした構想は進んでいます。

例えば、電通を中心としたプロジェクトには、あらゆる料理をデータ化し、世界中にシェアできる〝食のオープンプラットフォーム〟を目指す『OPEN MEALS』があります。

同プロジェクトによると、「SUSHI SINGULARITY TOKYO」と題した、最先端技術で個人専用に設えられ、誰も味わったことのない「超越寿司」を提供する「超未来すし屋」を、2020年に東京に開店する予定であることが発表されました。

「SUSHI SINGULARITY TOKYO」が面白いのは、寿司をデジタル化してインターネットに接続し、「フードファブリケーションマシーン（Food Fabrication Machine）」「フードオペレーションシステム（Food Operation System）」「ヘルスアイデンティフィケーション（Health Identification）」の3つの技術から構想されている点です。

「フードファブリケーションマシーン」は、3Dプリンター、人工光ファーム、ロボットアーム、6軸CNCルーターなどで構成されるフューチャーキッチンで、植物性のサステナブルな原料を利用してデータ化された食を出力、造形します。

「フードオペレーションシステム」は、デジタルに食をデザインできるOSで、料理を構成する要素を分解し、数cm角のキューブ形状に再構成し、9つの要素に基づいたアルゴリズムによって、食データを製作、編集、共有します。そうしてデザインされたデータは、「.cube」というフォーマットで記録され、データベースに格納されます。

最後に「ヘルスアイデンティフィケーション」は、自分専用のヘルスIDを意味し、レストランの予約時に、遺伝子、腸内細菌、栄養状態などの検査キットが送付され、それを提出すると、体質や不足栄養をデータ化したヘルスIDが発行される仕組みになっています。レストランではヘルスIDに基づいて、14種類の栄養素の中から不足する栄養素を自動的に注入し、各人に最適な食事が提供されるニュートリションマッチングを行うというもの。（※参照「OPEN MEALS」http://www.open-meals.com/sushisingularity/）

果たして2020年のオープンに間に合うかどうかは疑問ですが、3Dプリンターを応用したテクノロジーによって、日本を代表するお寿司を、世界中の人がいつ、どこにいても食べられるようになる未来が、じきにやってくるでしょう。

ひみつ道具：七人の知り合い

SNS機能

テレビアニメ版『ドラえもん』オリジナルのひみつ道具に「七人の知り合い」というアイテムがあります。これは侍の頭部のようなちょんまげのついた帽子（かつら）を被ると、知り合いたい人と知り合えるというひみつ道具です。

「世界中の人は6人前後の知人を挟めばみんな繋がっている」という仮説のもと、1人目が2人目を紹介し、2人目が3人目を紹介する形で、7人目に望む人物と知り合えます。

アニメでは、のび太たちがハリウッドスターの「アーサー・マッケンジー」に会おうとして道具を使ったところ、本人ではなく、のび太の知り合いである「浅間けんじ」のところにたどり着いたというオチつきのストーリーでしたが……。

このひみつ道具は、現代で言うSNSの機能と同じです。例えばFacebookでは実名登録をするよう規約で定められており、リアルでの繋がりを強化する仕組みになっています。また、友だちの友だちが可視化されているため、「七人の知り合い」のように、知り合いの繋がりをたどることも可能です。

他にも、アメリカではLinkedIn（リンクトイン）という、世界最大級のビジネス特化型ソーシャル・ネットワーキング・サービスが２００３年よりサービスを開始し、全世界では5億人以上の人が登録、日本でも２００万人以上の人が利用しています（２０１９年3月現在）。

同サービスのコンセプトは「世界中のプロフェッショナルの生産性を高め、より成功するよう繋いでいく」というものです。

若年層を中心に、複数のＳＮＳサービスを利用している人も多いようですが、知り合いを当たれば目当ての人に出会えるという概念が面白いですよね。概念と言えば、私は次のひみつ道具も魅力的だなと感じています。

ひみつ道具：室内旅行機／実物立体日光写真

VR／AR

「室内旅行機」は、いろいろなロケーションの立体映像と環境音を出すことで、部屋に居ながらにして、旅行気分を味わえるひみつ道具です。現実と見分けがつかないほど優れた立体映像で周囲の視覚的な環境を上書きするため、あたかもそこが旅先かのように錯覚してしまう仮想現実を作り出します。

アニメでは、アフリカのジャングルや大浴場、旅館の宴会場などのロケーションが紹介されていました。

これまで旅行に行くには、飛行機や新幹線など、人間が何かの乗り物で移動するという手段が主流でしたが、このアイテムのように空間がやってくるほうが、実に効率が良いですよね。

同じ場所で待っていても、望む環境、音、空気感、匂いといったものがやってくる……これから5Gが開始されることで、送信データ量も多くなりますから、タイムラグもなくなり、さらにリアリティが増すでしょう。


人は良くも悪くも環境に影響される生き物です。いつもと同じ部屋でコーヒーを飲むより、オシャレなカフェや絶景を前に飲むコーヒーのほうが美味しく感じます。たとえ仮想現実だとしても、リフレッシュ効果は高いはず。また、病気の人やお金がない人でも、簡単に望みの空間が手に入り、どこへでも行けるでしょう。

YouTubeなどで動画コンテンツが無料で視聴できるようになったように、**人と会うのも、旅行をするのも、移動することでさえ、新しいテクノロジーによりもっと手軽に、そして無料に近づいていくのではないでしょうか。**

そう考えると、移動手段が進化するよりも早く、移動の概念自体が変わる時代が訪れる気がしてなりません。

また、同様のアイテムに、横幅が2メートルほどの長方形のカメラ型をした日光写真機を用いた「実物立体日光写真」というひみつ道具があります。カメラを被写体に向けて置いておくと、幅2メートルほどの大きさの感光紙に写ります。そして、そのでき上がった写真を裏から叩くと、写ったものが立体となって飛び出します。

ちなみに、木など感光紙より大きなものは縮小されて撮影されますし、被写体は人物や木、車など単体で、背景は写らない仕組みです。立体写真は風が吹くと飛ばされるほど軽い素材でできており、動物を撮影しても本物のように動くことはありません。

このひみつ道具も、空間が自分のもとにやってくるという概念は、室内旅行機と同じでしょう。空間のほうが移動してくる未来には、好きなアーティストのライブを最前列で楽しむような活用法だってできるようになります。

ひみつ道具：食品視覚化ガス

代替食品

「食品視覚化ガス」を食べ物の絵や写真に吹きつけると、目で見ただけで食事をすることができるというアイテム。アニメでは、ドラえもんがどら焼きの写真にかけて、その写真を見ながら、どら焼きの匂いや甘いあんこの味を口の中で味わっているシーンが有名です。

このひみつ道具は、忙しくてご飯を食べる暇もない人のために発明されたものだそう。その食べ物を食べたかのように味が口に広がっておなかも膨れ、かつ絵なのでいくら食べても減らず、また絵や写真の食事が一食分でも同時に何人でも味わうことができるという優れものです。ただ、味や満腹感は充分であるものの、実際に食べ物を口に入れて食べるわけではないので、気持ち的にはどことなく物足りなさを感じるそうです。

つまり、人間の触覚、味覚は、バーチャルでもいけるということ。私も食事はケミカルだと考えています。匂いと塩分、油があれば、いくらでも代替が利くはずです。

仮に「和牛A5ランクのステーキ」であっても、疑似的に代替が可能です。すでに大豆ミートやセイタン（グルテンミート）、その他さまざまな植物性の食材から作られた代用肉が発売、消費されています。

人間の味覚は、生理学的には甘味、酸味、塩味、苦味、うま味の5つが基本と位置づけられていますが、〝匂い〟が占める要素もかなり大きいのではないかと考えます。

なぜなら、匂いがない食べ物を「美味しい」と感じるのは難しいからです。素材の風味や調理方法によってかもし出される匂いがあって、人は「美味しい」と感じるものでしょう。

縁日などで売られているかき氷は、数多くのシロップから味を選ぶことができますが、あれもすべて砂糖水です。砂糖水にメロンっぽい匂い、イチゴっぽい匂いといった香り付けをして、味のレパートリーを増やしているのであって、どのシロップも同じ砂糖水なのです。

そうやって人間の味覚は、いくらでも誤魔化せます。ですから、肉や魚、野菜にしても、食感が近いもので代替することは、十分に可能でしょう。しかも、好みの代用肉や代用食材をデジタルで注文し、デジタルで購入するようになるはずです。

ひみつ道具：人体部品とりかえ機

臓器移植、再生医療

短足のドラえもんが以前からひそかに夢見ていた願望。それはスラリと長い脚で駆け回ることでした。そんなドラえもんの夢を叶えたひみつ道具が、「人体部品とりかえ機」（人体とりかえ機）です。

これは、他人と身体の部位を取り換える機械で、人体が入る大きさの左右2つのカプセルを用いるため、家の中では使えないほど大きな機械です。

カプセルには自分と、取り換えたい部位を備える対象人物が入り、頭・腕・胴体・脚の4カ所の部位、いずれかを取り換えられます。「人体」と称していますが、対象者はロボットや動物でも可能（ドラえもんが自分の脚をしずかの脚と交換している）です。

このひみつ道具を現代に置き換えると、「移植医療」（腕や脚の移植は難しいですが）に該当します。皮膚移植・骨髄移植・臓器移植などがあり、そして今後は「再生医療」が発達していくでしょう。

再生医療とは、失われた細胞・組織・器官を再生し、機能を回復させる医療のことで、ＥＳ細胞やｉＰＳ細胞などの分離培養による組織そのものの再生を目指す医療です。

再生医療により、人間は間接的に永遠の命を手に入れることができるでしょう。

また、医薬品も従来は化学物質の合成により作られる「低分子化合物」が主流でしたが、人間の身体の中で作り出されている生体物質を利用した「バイオ医薬品」の市場が急拡大しています。細胞そのものを用いた「細胞治療」や組織や臓器の再生を目指す「再生医療」にもバイオ医薬品は不可欠で、さらなる実用化に向け、研究が進められていると聞きます。

実は私の妻は、若年性の緑内障を患っています。緑内障は見えない場所（暗点）が出現したり、見える範囲（視野）が狭くなったりする病気で、病状の進行と共に視力も低下し、最悪の場合、失明に至ることがあります。

今はまだ、実験段階ではありますが、研究により、高純度なヒトｉＰＳ細胞由来の網膜神経節細胞が作製されたという報告がなされていますし、10年後には網膜や角膜を再生医療で戻せるレベルまで達し、妻の視力も回復するだろうと私は思います。

このように、再生医療によるバイオテクノロジーからのアタックも可能ですが、人体をメカニカルに置き換えるという技術も近未来には発達しているでしょう。

そして人は、どちらが自分に望ましい治療法かを、バイオかメカかで選ぶ時代が来るのではないでしょうか。

ひみつ道具：物体瞬間移動機／とびだす伝記電気／いつでもどこでもスケッチセット

ＭＲ（複合現実）体験

「物体瞬間移動機」はその機能から「ドロボー機」とも呼ばれ、離れた場所にある物を瞬間移動によって手もとに取り寄せるひみつ道具です。

アニメでは、借りたものを返さないジャイアンから自分の物を取り返すために使います。仕組みは、方位と距離を指定することで、その物のある場所を機械に備えられたスクリーン上に映し出し、機械を作動させることで、その物が一瞬にして手もとへ転送されます。

類似のひみつ道具には、「とびだす伝記電気」があります。のび太が伝記（文字ばかりの本）を読んで感想文を書くように宿題を出されるのですが、「とびだす伝記電気」を伝記にとりつけると、偉人が目の前に登場するというもの。同じく、「いつでもどこでもスケッチセット」という、世界のどんな場所、どんな時代でも正確にスケッチしてくれる道具もあります。

これらのひみつ道具を現代に置き換えると、マイクロソフトが開発したデバイスによるＭＲ（Mixed Reality ＝複合現実）体験がそれに近いのではないでしょうか。

現状、ＭＲ体験には、マイクロソフトのデバイス「HoloLens（ホロレンズ）」という、ＨＭＤ（ヘッドマウントディスプレイ）と似たゴーグルが必要で、ホロレンズ自体にWindows 10が搭載されています。

ホロレンズに取りつけられたセンサーにより、頭の動き・声・目線・ジェスチャーなど人間の自然な動きで操作でき、ホログラフィックと類似した映像を利用して、壁や机などの現実空間にデジタルな仮想空間を重ね合わせた複合現実体験ができるというものです。

テレビコマーシャルなどで、大リーガーの選手と日本の若い女優が共演している作品は、この技術を駆使して撮影しているのではないかと思います。

同様に、映画やドラマなどでもこの技術を使用することで、俳優同士のスケジュール調整をはじめ、経費削減といったあらゆるメリットが期待できるでしょう。

撮影に限らず、テレビCMで流れている商品が、リビングのテーブルの上に飛び出したり、ナイターやサッカーといったスポーツ観戦を目の前で楽しむことも可能です。

インターネットがない時代から、このようなひみつ道具を考えていた藤子・F・不二雄先生の発想は、本当に素晴らしいなと感嘆するばかりです。

初代機の「HoloLens（ホロレンズ）」は販売終了。上の画像は今年 2019 年中に発売予定の「HoloLens 2（ホロレンズ 2）」。（提供：日本マイクロソフト）

ひみつ道具：ドライ・ライト

太陽光発電システム

「ドライ・ライト」は太陽光エネルギーをドライアイスのように固めた物で、石油などの代替資源として22世紀で実用化されている資源です。

用途としては、暖房代わりに、あるいはやかんの水に入れればすぐに沸騰しますし、浴槽に入れればすぐにお湯が沸き、布にくるめばカイロ、光を放つので筒に入れれば懐中電灯にもなるという優れものです。小さい物でもかなりの熱量を持っていて、保管されている場所から漏れ出すと、町中の温度が大きく上昇します。

この道具は、現代でいう、太陽光発電システムに近いでしょう。

太陽光発電システムは、無限に降り注ぐ太陽光を利用して電気を作る装置です。天候次第で発電量が左右されるので、雨の日や夜間には発電できないという弱点がありますが、太陽光発電システムに蓄電システムを組み合わせることで、使いたいときに使うことが可能になります。

また、以前、ＭＩＴ（米マサチューセッツ工科大学）の「Nature Chemistry」に掲載されていた、「太陽光の固定化」＝Solar Ray Fixationをコンセプトにした共同研究を進めている方の論文を拝見したことがあります。そこには、エネルギーキャリア（エネルギーの媒体）のうち、電力に比べあまり注目されてこなかった「分子構造の違いによるエンタルピー」を選んだことを特徴とする研究結果が記されていました。

それによると、エンタルピー（enthalpy）はドイツ語のenthalten「内包する」という動詞から来た用語で、大まかに説明すると、「物体の持つエネルギーの総量」を指します。一般に熱エネルギーとしては物質の比熱（分子の運動）を利用するものが代表的ですが、保管しているうちに冷めてしまうため、扱いづらいと言われてきました。

また、広い温度範囲で同じ相（液体など）でいられる材料があまり存在しないため、効率的に集温できないというタイプのエネルギーキャリアです。

それでも、分子構造の変化として保存できれば、しばらく保存しても適切なスイッチ（触媒など）で随時熱を取り出せるはず。つまり昼間エネルギーを貯めておいて、夜に熱を活かすという使い方ができる可能性が出てくるそうです。

とはいえ、自然エネルギーの発電コストは年々下がってきていますし、そもそも発電効率が今の数倍になれば、間違いなく原発や原油のコストを下回ることから、限りなくエネルギーコストはゼロに近づき、すべて自然エネルギーでまかなえる未来は訪れるでしょう。

ひみつ道具：レスキューボトル

ドローン医療スタートアップ・Zipline

「レスキューボトル」は、ソリに乗った犬型のボトルで、ボトルの中には栄養ドリンクが入っています。鼻の部分に遭難した人の匂いを嗅がせると、自動的に遭難者を救出に向かい、見つけると栄養ドリンクを飲ませて、安全な場所まで連れ帰るというひみつ道具です。

このアイテムから私がすぐに連想したのが、アメリカのスタートアッププロジェクトで、世界初のドローン医療サービス・Zipline です。

ドローンで血液を運ぶサービスを行うZiplineは、2016年秋にアンドリーセン・ホロウィッツ氏やグーグルヴェンチャーズ、ヤフー創業者ジェリー・ヤン氏、マイクロソフト共同創業者ポール・アレン氏、孫泰藏氏が代表を務めるヴィジョネア・ベンチャーズ等から2500万ドルを調達し、10月にはルワンダで世界初の商用ドローンサービスをスタートさせました。

２０１７年7月の時点で、国土の西半分をカバーする12の病院に日々血液を届け、人々の命を救っています。

アフリカでは今もなお、冷蔵庫などの電化製品はおろか、電気も通ってない地域がほとんどです。輸送インフラが整ってないことから、道路を使うよりも10倍は速いドローンを利用することで、医療用血液を凍っている状態で10分、15分で届けるというアイデアは、社会的にも大変意義のあるビジネスだと私は感動しました。

多くの人が、テクノロジーや人工知能が人間にネガティブな影響をもたらすと思い込んでいたり、技術の進化がアメリカや日本といった先進国から始まるだろうと予想したりする中、Zipline はその両方を覆し、今日に至っています。

このアイデアは、地震大国と呼ばれる日本でも、災害救助に活用できるでしょう。

Zipline のように、思い込みによって不可能とされてきたサービスを可能にするビジネスが、これから山ほど創出されることを考えると、私は楽しみで仕方ありません。

ひみつ道具：パーマンコピーロボット

アバター

藤子・F・不二雄作品の中でも人気の『パーマン』で、パーマンがその正体を隠すために使用する道具として頻繁に登場した「パーマンコピーロボット」は、『ドラえもん』の作中でも、ドラえもんのひみつ道具として登場しています。

「パーマンコピーロボット」は、鼻を押した人そっくりに変身するロボットで、変身した人と同様にしゃべったり、行動したりします。元に戻す際は、鼻のボタンをもう一度押せばいいのですが、ネジがゆるむと性格がおかしくなるそうです。アニメ『パーマン』第2作の第2期では、コピーが本人に成りすまし、すり替わろうとする事件が発生しました。

このひみつ道具は、現代のアイテムでは〝アバター〟にあたるのではないでしょうか。

アバターは、バーチャルの世界で使われる、自分（ユーザー）を模したキャラクターを指し、オンラインゲームやチャット、ブログなどで利用する人を見かけます。

また、私の世代でアバターと聞くと、2009年に公開されたジェームズ・キャメロン監督によるデジタル3D映画『アバター』を思い浮かべる人も多いでしょう。

CG技術を駆使した同作の舞台は、希少鉱物が眠る、地球から遠く離れた緑豊かな惑星「パンドラ」です。地球のエネルギー問題を解決する鍵となる希少鉱物を採掘するため、人類はアバターを遠隔で操作して乗り込み、パンドラの先住民族であるナヴィに接触を図るというストーリーです。

遠くにある自分ではないバーチャルの身体を自らの分身のように動かし、見て、聞いて、触る……。まるで本人がその場にいるようなことが、ARやVR、通信や触覚技術といった最先端技術を融合することで、現代でも可能となります。

この技術が一般化されれば、単身赴任中のお父さんと一緒に食卓を囲んだり、テレビ番組に出演中のタレントが、テレビから飛び出して、あなたの家のリビングに来るということも実現するでしょう。

ひみつ道具：エラ・チューブ

Triton（トリトン）

「エラ・チューブ」は、水から酸素を取り出すひみつ道具です。鼻の穴にエラ・チューブを詰めて鼻から息を吸うと、酸素だけが通過して水中で呼吸ができるという仕組みです。

このエラ・チューブと類似した、口にくわえるだけで水中から酸素を取り出すことができる水中酸素呼吸器『Triton（トリトン）』は、2016年に開発が発表されました。

背中に空気ボンベを背負うことなく、9×12センチメートルの小型の装置を口にくわえるだけで、水深4・6メートルくらいまでの水中に45分間潜ることが可能です。値段はクラウドファンディングの早割で299ドル（約3万3800円）、市販化されると399

ドル（約4万5110円）と、高額ではあるものの、少し頑張れば手に入る金額です。スキューバダイビングの器具代や講習代を思えば、安価とも言えるでしょう。

左右に飛び出した棒状の部分には、人工肺にも使用されているホローファイバー（水分子より小さな穴の空いた繊維）が大量に詰められており、自働的に水中の溶存酸素を取り出してくれる仕組みになっているそうです。

ただし、必要な量の酸素をリアルタイムに得ることは難しいので、水中から取り出した酸素はTriton内部のコンプレッサーでいったん圧縮してタンクに貯められ、それを人間が呼吸に使っています。

開発費用はクラウドファンディングサイト「Indiegogo」上で、5万ドル（約565万円）の出資金を募ったところ、募集期限1カ月を前に76万4000ドル（約8640万円）を集めてしまったというから驚きです。

しかしながら、空前の大ヒット間違いなしと言われたTritonの実装については現行の技術では実現不可能とみなされ、結果的に支援者らに出資金の約90万ドル（約9900万円）がすべて返金されたそうです。

とはいえ、ここまで開発が進んでいますから、Triton のような手軽に利用できる商品が市販されるようになるのも、時間の問題でしょう。

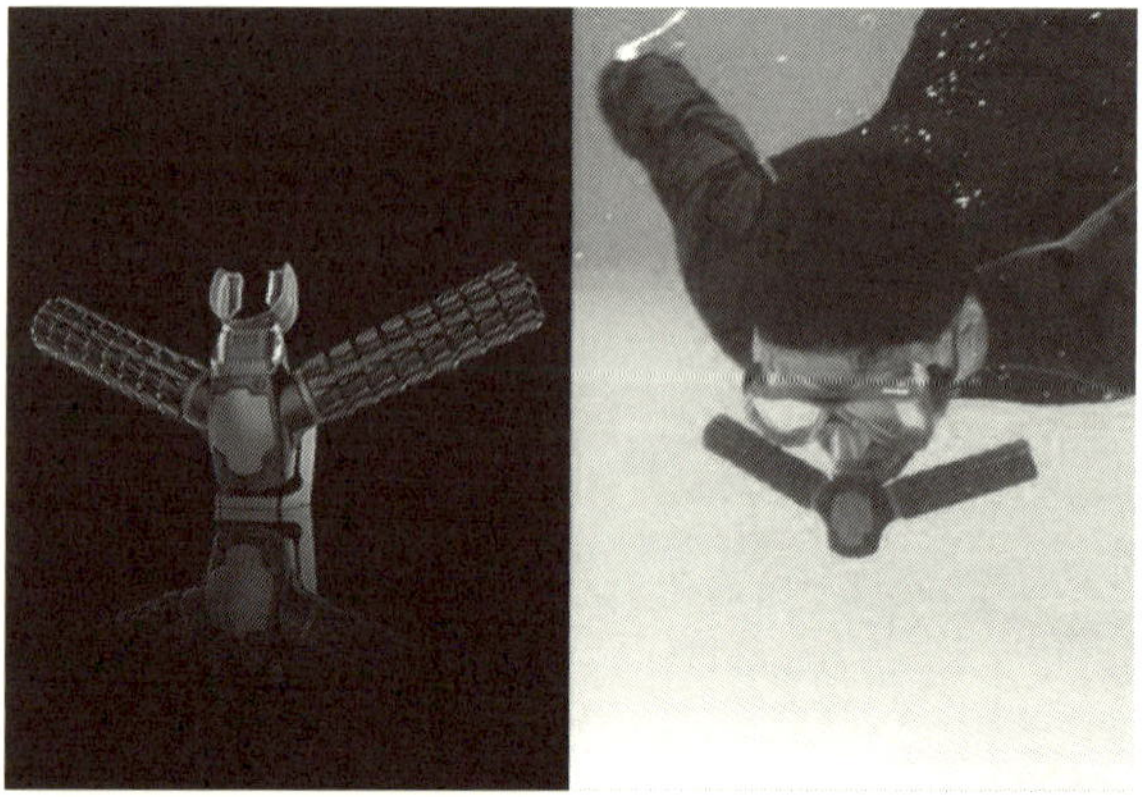

Triton（トリトン）。左は製品の形状、右は使用イメージ。（出典：Indiegogo）

ひみつ道具：自動万能工事マシン

3Dプリンター

「自動万能工事マシン」は、マシンの中に設計図を挿入するだけで、設計図通りのものを作ってくれるというひみつ道具です。

作中では広場に神殿を建てるというのび太の要望により、ギリシャのパルテノン神殿のような神殿を建築しています。

従来の建築は、部品を調達して現地で組み立てるといった、大変手間のかかる作業を行っていました。しかしテクノロジーの進化によって、パソコン上で建物を設計し、142ページでもご紹介した3Dプリンターで自動で組み立てるといった「自動万能工事マシン」さながらの工程が実現しています。

例えば、アメリカのニューヨークでは、市が抱えるホームレス問題の解決策として、窓のないビルの壁面に、３Ｄプリンターで作った6角形の住宅ユニットを取りつけて、人の住める空間を作り出すという取り組みをFramlabという会社が行いました。

6角形の住宅ユニットの外装には、スチールやアルミニウムが使われているそうで、内装は３Ｄプリンターで印刷されたモジュールによって、間取りを柔軟に配置できる仕様になっています。

また、同じくアメリカのテキサス州オースティンに本拠を置くICONと、カリフォルニア州サンフランシスコにある非営利団体New Storyによる、発展途上国の住宅問題を解決するための移動式の３Ｄプリンター「Vulcan（バルカン）」を利用した事例が報告されています。

ICONのホームページによると、建設費用は約45万円とリーズナブルなうえ、24時間未満で床面積55平方メートルから75平方メートルくらいの平屋を建てることができるそうです。動画を見ると、「Vulcan」が家を印刷するかのように、建材を積み重ねていく様子が印象的でした。

他にも、ロシアやフランスといった世界各国で同様の事例が次々と報告されています。

移動式の3Dプリンターで家を建てることで、建材の廃棄ロスが生じず、一般的な住宅建設に比べて余分な工具や材料も発生しないため、建築費用を抑えられるばかりでなく、物流コストも減らせると言います。

残念ながら、日本国内では住宅メーカーが営業や商談などで活躍する住宅模型の造形に3Dプリンターを活用するレベルが現状ではありますが、海外でこれだけ事例が増えていることを考えると、国内でも導入される日は近いでしょう。

第6章

「四次元ポケット」を使いこなせばビジネスは100%うまくいく

四次元ポケット
テクノロジーの変化
を受け入れていく
デジタルデバイド
ひみつ道具
思い込みによって不可能とされてきたサービス
人間の可能性や能力をサポートする
デジタルヒューマン技術
複合現実体験
夢＝妄想力
未来の道具使いのプロ
ノビタランド

プロセス不要！既成概念に囚われないアイデアの膨らませ方

「お金がないからできない」

「時間がないからできない」

「環境が整っていないからできない」

そんな言い訳は、しないでください。


「○○がないから△△ができない」という発想は、前時代の価値観です。

22世紀から来たドラえもんの世界を21世紀に手に入れつつある私たちは、初代ドラえもんの歌のように、「こんなこといいな、できたらいいな、あんな夢こんな夢いっぱいあるけど〜♪」という欲張りな発想を持ち、プロセスなどは飛ばして、望む結果を求めればいいのです。

「○○がないから△△ができない」という発想自体、今あるものに囚われている証拠です。目の前の問題に囚われるのではなく、もっと広い視野でアイデアを膨らませてみましょう。

例えば、第5章で紹介した、世界初のドローン医療スタートアップZiplineの取り組みが、まさにそれです。

「アフリカで血液を安全に届けるなんて無理」

「物流だってないし、冷蔵庫もないんだから届けられるわけがない」

そんな概念を吹き飛ばしたのが、凍った血液をドローンで届けるという現状に囚われないアイデアでした。

未来人の発想を持つには、既成概念やプロセスといった細かなことに囚われず、いくつか抜いて飛ばして考えてみることが大事です。

現代社会に生きていると、あれもこれもやらなければならないと、気忙しく過ごす人がとても多いようです。だからこそ、たとえ非現実的だとしても、もっとラフに、自由な発想を持つべきではないでしょうか。

誰かを幸せにしたいなら、まずは自分が幸せであることです。自分に優しく、もっとラクをしようという発想を持って生きることが、心の豊かさにも繋がるのだと私は思います。

「もっと手軽に買い物をしたい」そんな欲望を具現化したのが、AmazonといったＥＣサイトの登場です。現代はスマホ１つあれば欲しいものがすぐに届くシステムが構築されています。

ですから、同じような発想のもと、銀座久兵衛の寿司が食べたいと思えば、お寿司がすぐに飛んでくる。ハーゲンダッツのアイスが食べたいと思えば、すぐに手もとに届く……。

本来、その間に必要なはずの、お寿司やアイスを作るためにキッチンを用意して、材料を揃えて……といったプロセスやロジックを組み立てる必要はないのです。求める結果があるなら、アプローチはいくらでもある。そういう心構えでいいのです。


この手の想像力を持つのは、頭でっかちな大人のほうが既成概念に囚われがちで難しいものです。それに比べて人生経験は浅いけれども、そのぶん思考の仕方が柔軟な20代や10代、さらには子どものように頭を柔らかくして物事を考えられる大人にあなたもなりましょう。

彼らは、スマホさえあればいい。ネットさえ繋がっていればいい。言わば、物質的な豊かさより、心の豊かさに比重を置いている世代です。

そうした若者のニュートラルな発想こそ、アイデアの宝庫です。テクノロジーの向かう先も、彼らが望む未来にあるべきでしょう。

未だに「起業するなら株式会社にしなければ」「社員は最低でも5人以上は欲しいな」「福利厚生のある会社にしたい」といった前時代の発想の仕方をしていたら、テクノロジーが進化するこの先、スマホ片手に自らの想像力を膨らませ、次々とアイデアを放出していく若者たちに先を越されるのはあっと言う間です。

だからあなたも、形やプロセスに囚われるのではなく、「あんなこといいな、できたらいいな♪」と妄想を膨らませてください。そして視野を広げ、その実現に向けて、ビッグチャンスの到来に素直に従うことが大切でしょう。

新しいビジネスは古いものと古いものを足して2で割る

新しいビジネスは、実は今あるものを組み合わせて創出されるものです。ゼロから何かを生み出すという技術やアイデアからの新ビジネスは、きっとこの先も創出されないでしょう。新しいビジネスは、今あるアイデアにほんの少しのスパイスをかけて、ビジネスモデル化されているのです。

では、どういう組み合わせで新しいビジネスを創造したらいいのか。アニメ『ドラえもん』を例に考えてみたいと思います。

作中でのび太がドラえもんの道具を必要とするのは、ジャイアンに殴られたり、テストの点数が悪かったりと、何かしらの問題が生じたときで、それを解決するための道具がドラえもんの四次元ポケットから取り出されたはずです。

道具は、のび太の「こういうふうにしたい」という願望をストレートに叶えるものではなく、「こういうふうにしたい」という、改善のためのソリューションとして道具が与えられることのほうが多かったはずです。

例えばひみつ道具の「アンキパン」は、見た目は普通の食パンであるアンキパンを、ノートや本のページに押しつけるとそのページが写され、その食パンを食べると写された内容を確実に暗記できるというアイテムです。

アンキパンを食べたから教科書をすべて暗記できるのではなく、パン1枚につき約1ページしか暗記できないという制限がある中で、自ら願望を叶えるべく奮闘します。

つまり、ドラえもんは最初から結果が出る道具を与えるのではなく、結果を出すための道具をのび太に与えているのです。このストーリーでは、アンキパンのほかにも食事を食べ過ぎたことで腹を下し、テストの朝になってもう一度最初のページからアンキパンを食べ直すハメになるというオチで終わります。

この物語とドラえもんのひみつ道具から察するに、誰もが悩みや不満、問題を抱えている中で求めているのは、その問題を解決に導くための道具です。

私はその道具を開発することが、あるいは発見することが、新たなビジネスの着眼点であり、チャンスだと考えます。

現に、人々の問題から生まれた大ヒット商品に、パナソニック（松下電器産業）の〝二股ソケット〟があります。

二股ソケットとは、電球を挿すソケットが2つある照明器具です。大正時代は天井からぶら下がったソケットのみが電気の供給源だったため、そこに二股ソケットを付けて、片方にソケットからコンセントに変換するアタッチメントを装着することで、照明と他の電気製品が同時に使えるようになりました。

この二股ソケットの事例のように、不便に思ったことを解決するテクノロジーは、必ず重宝されます。

ですから、新ビジネスを創出したいのであれば、あなたも今ある世間の悩みの数々に着目し、あるものとあるものを組み合わせたり、足して2で割ってみたりしながら、創造してみてはいかがでしょうか。

アクションカメラで世界中の秘境に行くことができる

ドラえもんのひみつ道具の中でも頻繁に登場する「どこでもドア」と「タケコプター」。この2つのアイテムを具現化したテクノロジーが登場しています。

中国広東省深圳《しんせん》にある、民生用ドローン（マルチコプター）およびその関連機器の製造会社であるＤＪＩが２０１７年に発表した、ドローン向けのＦＰＶゴーグル「DJI Goggles」。

DJI Goggles はスマートフォン向けのＶＲヘッドセットのようなものを頭に装着してディスプレイを覗くと、ドローンのカメラを通じて、まるで空を飛んでいるかのような体験ができるというもの。DJI Goggles は頭の動きでも機体やジンバル（ドローンにカメラを乗せる回転台）の向きを操作することができる優れもので、あらゆる応用が可能です。

鳥のように空を飛ぶのはもちろん、スイッチ1つで世界中の秘境映像をリアルに楽しめます。ときには鳥の群れにロックオンして追いかけてみたり、南極に住む野生動物に密着したり、あるいは、病気で寝たきりの人の代わりに生まれ故郷を訪ねたり……あらゆるジャンルでの活用が見込まれます。

他にも、DJI Gogglesでスポーツ観戦やコンサートを楽しんだり、釣りをする、スキーを滑るといったような応用も可能になるかもしれません。高精細な映像や没入感、臨場感といった体感を得るには、また別のテクノロジーが必要になりますが、いつでも、どこでも、どんなときでも好きなところに行ける、そんな近未来アイテムがDJI Gogglesです。

これは余談になりますが、映像のリアルさという意味では、ドローンやカメラのほうが、人間の肉眼よりも高精細です。基本的に、人間の目の構造はカメラと同じと言われていますが、人間はレンズ（目）が2つあること、かつ2つの目で見た映像を脳で処理して映像として認識している点が、カメラとは異なります。

また、人間がものを見るときに完全にはっきり見えているのは、目の「中心窩」が光を受け取る、視野の中心2度ほどの範囲だけです。これは腕を目の前に伸ばして両親指を並べたところと同じ範囲で、その範囲の人間の肉眼を画素数で計算すると、700万〜800万画素程度と言われています。

すなわち、人が肉眼で見るよりも、アクションカメラで見る映像のほうが、より美しくて迫力のある画面になるのです。テクノロジーを利用することで、必然的に肉眼よりも素晴らしい映像を目にできているということでしょう。

小学生でも1週間で1億円稼げる!ユーチューバーを100人集めたら上場できた

２０１８年に世界で最も稼いだYouTuberは、アメリカ人の７歳の男の子でした。海外の複数メディアが報じたところによると、当時小学１年生のライアン君は、YouTubeでおもちゃの紹介&レビュー動画の配信を行い、なんと１週間で１億円、１年間に約25億円を稼いだそうです。

ライアン君がYouTuberになったのは、２０１５年3月のこと。保護者の助けを受けながら「Ryan ToysReview（ライアン・トイズ・レビュー）」を開始したそうです。たった3年あまりでチャンネル登録数は１９００万人を超える人気ぶりで、これまで配信した動画のほとんどが、１００万回以上の視聴数を超えています。

日本トップを争う人気YouTuberのはじめしゃちょー（hajime）のチャンネル登録数は約８００万人、HIKAKIN（ヒカキン）は、HikakinTVの登録数が約７６０万人ですから、２人を合わせてもライアン君には敵いません。

何より、Ryan ToysReviewの視聴者の多くが、ライアン君と同世代の子どもたちだそう。実際、ライアン君が紹介したおもちゃはお店でも飛ぶように売れていくそうで、その宣伝効果は計り知れません。

たった7歳で億万長者になったライアン君のような子どもたちが、テクノロジーの進化と共に、これからどんどん輩出されるでしょう。

出始めの頃は「YouTuberなんて流行らないよ！」と日本では見下されもしましたが、今や小学生の憧れの職業トップ３に入る人気ぶりです。

そんな人気YouTuberを集めたマネジメントプロダクションのUUUM（ウーム）には、HIKAKIN、はじめしゃちょー、木下ゆうかほか、多数の売れっ子YouTuber（クリエイター）が所属し、２０１７年には東証マザーズに上場しました。これも、新ビジネスの走りだと感じます。

ただ、最近はYouTubeも規制がかかるようになったため、面白さという点では、以前のほうが楽しかったな、と私個人は感じています。

同じように企業でも、上場を目指したり、上場した途端にいろいろなしがらみが生じて面白みが欠けたりすることがあります。テレビ番組でも、深夜帯で放送していたときは面白かったのに、ゴールデンタイムに移ったら見応えがなくなってしまったということが、よくありますよね。やはり勢いのあるスタートアップ時が、どんなコンテンツであってもワクワクするものに感じてしまうことは否めません。

聞くところによると、ライアン君もそう長くはYouTuberを続けないと宣言しているそうです。

同じことを長く続けても受け入れられないということを、あの年齢で理解しているとしたら、本当に末恐ろしい少年だなと思います。

既存ビジネスを掛け合わせた新ビジネス「Instagram」

第１章でも軽く触れましたが、若年層を中心に、今やInstagramはFacebookを超える人気を誇ります。

実はInstagramは、最初は単に写真を加工して投稿するだけのアプリでした。セピア色にしたり、白黒にしたり、ソフトフォーカスをかけたり……カメラのフィルターから思いついたサービスだったそうです。

Instagramが登場したちょうどその頃、ＳＮＳ流行の裏では、ＳＮＳの長時間利用に伴う精神的・身体的疲労、自身の発言に対する反応や知人の発言に返答することへの義務感といった〝ＳＮＳ疲れ〟なるものが蔓延していたのです。そのため、Instagramが写真メインであること、文字の代わりにハッシュタグが用いられるといった利用法が〝ＳＮＳ疲れ〟を起こした人々の心に刺さり、一気に火がついたのです。

写真を撮って加工し、オシャレに見せてアップする。Instagramは、写真の加工アプリとスマホのネットワークを組み合わせただけの、実にシンプルなアプリです。

当時、単なる写真加工のアプリが大きな売上を作り、世界中を巻き込む規模のトレンドになるとはいったい誰が予測したでしょうか。前述した通り、社員13人でスタートして、たった1年半で約10億ドルにも及ぶ価値を持つサービスに成長したのには驚くばかりです。

改めて2つのSNSを比べると、Facebookは実名登録が義務付けられているため、どちらかというとビジネスツールに近い感覚を抱きます。

一方で、Instagramは国内・海外の著名人やモデルといった、世の中に与える影響力が大きく、拡散性を持つ〝インフルエンサー〟の登場により、今日の爆発的ヒットに繋がっています。それは、全世界の広告市場をも変えることになりました。

また、最近ではSNSに留まらず、ECプラットフォーム（Instagram上で商品やサービスの売買が成り立つ）としての機能が重宝されており、今後ますますInstagramの利用者は増加の一途をたどることでしょう。

このように、新ビジネスは、今ある技術やサービスを掛け合わせるだけで生まれるものです。それにテクノロジーを加えれば、より便利で新奇なニュービジネスとして、人々の目に映るでしょう。

あなたもぜひ、「あったらいいな」と思うサービスを打ち出し、既存の技術やテクノロジーを活用したビジネスを生み出していきましょう。

夢さえあれば、クラウドファンディングでお金はいくらでも集まる

もし、あなたが映画監督になって映画を制作するとしたら、まず、何から始めますか？

「映画を作ろう！」

①映画監督になるための専門学校に入る
②映画制作会社に入り、撮影現場の制作スタッフや助監督などをして修業を積む
③自主映画を制作して売り込んだり、コンテストに応募する

このいずれかの選択肢を思い浮かべる人が、ほとんどでしょう。しかし今の時代、そんな遠回りをする必要はありません。

どのような映画を制作したいのか、テーマや予算、配役など、全体像がイメージできる企画案を作り、前にも触れたクラウドファンディングに投げ込めば、資金が集まると同時に、あなたの思いに共感した技術者や協力者が集まって、当初の目的を達成することができます。

その成功例として有名なのが、アニメ映画『この世界の片隅に』です。本作は、漫画家・こうの史代さんの代表作を原作にした映画で、太平洋戦争中の1944年、18歳で広島県呉市に嫁いだ主人公「すず」の生活を描くというもの。監督の片渕須直さんは、2010年頃から構想を温め、何度も広島を訪れるなどして企画を進めていました。しかし、スポンサー探しが難航。2013年時点でも、資金調達のめどはまったく立っていませんでした。

そこで活用したのが、クラウドファンディングです。目標金額は2000万円。支援者への返礼（リターン）は、以下4つの、低コストながら喜んでもらえ、作品が完成するまで応援してもらえそうなものを提案したそうです。

①制作の進捗を伝えるメールが届く「制作支援メンバー会員」になれる

②こうの史代さん描きおろしイラストつきの「すずさんから手紙」が届く
③片渕須直監督を囲むミーティングに参加できる
④本編のエンドロールに名前をクレジットする

すると開始わずか8日後に、目標の2000万円を突破。最終的には、3374人から3900万円もの支援を集めたと言います。これは、日本国内の映画クラウドファンディング史上最高額だそうで、上映前から支援者が〝宣伝隊長〟となりSNSで評判を拡散し、ヒットをあと押ししてくれたと言われています。

既存の映画制作とはプロセスがまったく異なるクラウドファンディングという手法を用いたことで、制作費の捻出はもとより、興行収入約27億円、観客動員数210万人を突破することに成功しました（2018年11月時点）。

インターネットがない時代に映画監督になろうとするなら、学校で映像を学び、人脈を築き、キャリアを積み上げていき、何十年も続けてやっと一人前と認められて、映画制作の準備を始められる……というような回り道をする必要があり、とてつもない時間がかかったことでしょう。

それが今や、映画を作りたいと思ったその日から動きはじめて、うまく行けばたった半年で発表できる段階に持っていくことが可能です。

これは映画制作に限らず、夢を持つ多くの人に当てはまるはずです。かつて夢を叶えるために、人生のすべてを投げうって、そこまでしても、叶えられる人はほんの一握りとされていました。

しかし今は、生涯といった長い時間をかけることなく、夢が叶う時代です。このクラウドファンディングも、現代版ひみつ道具の１つと言えるかもしれません。

新しいビジネスモデルを開発するAI

「AIに人間の仕事が奪われる」といったネガティブイメージを抱く人がいますが、私はAIこそ人間の生活を豊かに、心身を健康にしてくれると考えています。

なぜなら、AIによって、人間はそんなに考えたり、悩んだりせずに済むからです。

では、考えず、悩まなくなったら、人間はどうなるのか。私は今よりもっと、原始的な生き方を好むようになると想像しています。

時間に囚われず、陽が昇れば目を覚まし、陽が落ちれば眠りにつく。食べたいときに、食べたいものを食べる。行きたいところに、いつでも行ける。欲しい物は、すぐに手に入る。そんなふうに、気の向くまま暮らすことが可能になります。

つまるところ、就学・就労・職業訓練のいずれも経験していない現代でいう"ニート"が、実は人間の進化形だった……なんて言われる日がくるかもしれません。

外出せずともVRでコミュニケーションが図れるため、家から一歩も出ることなく、学べて、仕事ができて、友だちと遊んだり、デートをしたりといったことも可能になります。そうなると、お金を使う必要もそうないはずです。

その時代を生きる人間に必要なのは、AIを使いこなせるようになることです。従来のように人間が頭を使い、ビジネスモデルのデザインを構想するなんてことはなくなります。AIが戦略やビジネスモデル、ビジネスデザインやブランディングといったすべてのことを考え、人間がそれをフリーで使えるようになるからです。

そうなると、いかにAIを使いこなせるかが、成功できるか否かの分かれ目になるでしょう。

AI＝ドラえもんと考えてみてください。

のび太のように、「困ったときはドラえもんに相談してみよう！」と言えるくらい近い距離に、やがてＡＩは存在するようになります。

ドラえもんはすべての問題、課題に対して、必ずひみつ道具を四次元ポケットから出して、答えや解決に導いてくれようとします。ただ、そのひみつ道具をどう使うかは、使い手の意思であり、考え方次第です。

のび太は欲を出してひみつ道具をうまく活用できなかったこともありますが、きっとあなたならうまく活用し、より良い世界を広げていけるでしょう。

ＡＩをどう活用するかは、あなた次第です。

もしかすると今は、ＡＩという言葉自体に抵抗があるのかもしれません。

しかし、AIが人間の能力を拡張してくれることは確かです。

そこに、インターネットが使える、使えないかなんて関係ありません。あなたがＡＩに親しみを持ち、「生活を豊かにしよう」「心身を健やかに過ごそう」と素直に望めるならば、ＡＩマスターへの道は切り開かれるでしょう。

尿一滴でステージ0、ステージ1の早期ガンを発見できる「N-NOSE」

厚生労働省の人口動態統計によると、日本人の死因第1位は「ガン」だそうです。1981年以来、不動の1位を貫いてきたガンによる死亡率は、全体の約3割を占めています。

しかし今、ガンは治らない病気ではなくなりました。抗がん剤治療や放射線治療といった医療の進歩が関係しているからでしょう。その一方で、亡くなる方がいるのは、発見が遅れたことに多くの原因があります。早い段階で異変を察知し、ガンを見つけることができれば、適切な治療のもと、ガンを克服することが可能です。

最近では、遺伝子解析の技術が飛躍的に向上しているため、唾液から細胞を採取してDNAの情報を読み取り、その人の疾患リスクや体質の傾向に関する情報、どの遺伝子タイプに属しているのか、そのタイプはどのような傾向があるのかといった情報を知ることができる一般用キットも販売されています（ユーグレナ・マイヘルス遺伝子解析サービス）。

中でも、2018年夏に発表された「N-NOSE」は、尿一滴で、ガンの早期発見ができるというもの。

「N-NOSE」とは、ガン患者の尿に含まれる、ガン特有の微量な匂い物質を線虫が検知する、新しいガンの検査法とされています。これは線虫がガン患者の尿に誘引され、健常者の尿は忌避する特性（化学走性）を利用した検査方法です。

実用化は2020年1月を予定しており、検査料金は数千円になる見込みだそう。簡便で安価な検査方法ですから、がん検診受診率の向上、がんの早期発見、医療費の削減等が見込めるでしょう。（※参照「HIROTSU BIO SCIENCE」https://hbio.jp/）

他にもAppleがApple Watch5に、ユーザーの「体臭」で体調異変を検知できる機能を搭載するといったニュースが報じられました。

このように、テクノロジーが進化することによって、今まで病気と呼ばれていた症状は、病気ではなく〝悪兆候〟と捉えられ、病気と診断されるほど悪化する前に症状を抑えられるようになるかもしれません。そうしたら、薬や手術など大掛かりな処置は不要になり、食生活や日常生活の中で、健康体を維持しやすくなります。

テクノロジーはあくまでも人間がより人間らしく、自由に、幸福に生きるためのツールです。そのテクノロジーを活かすのも、殺すのも自分。ですから、テクノロジーによって忙しくなったり、精神的・身体的なバランスを崩したりするのは本末転倒です。人間が本来あるべき姿からかけ離れていくようでは、意味がありません。

くれぐれも、自分の人生をより良く、豊かにし、可能性をより伸ばすためにテクノロジーが存在することを忘れないでください。

第7章

ドラえもんがのび太に残したプレゼント

人間が機械に支配される日はやってくるのか？

人間の夢とテクノロジーは、表裏一体です。

例えば、宇宙まで飛ぶロケット。

もうじき、民間人でも宇宙旅行ができる時代がやってきますが、あの夢と希望、宇宙へのロマンの固まりであるロケットでさえ、もともとは戦争の道具でした。

ソ連とアメリカがミサイルで核競争をしている最中に、月への有人宇宙飛行計画が浮上。両国のどちらが先に有人月飛行を成功させられるかを競った結果、人類最初の月面着陸にアメリカが成功したのです。

表向きの目的は〝月面着陸〟でも、裏では〝どちらが優秀な戦争の兵器を先に作るか〟を争っていたのです。

しかし、そのお陰で人類は月に行けたし、宇宙への夢も広がりました。

このように、テクノロジーはネガティブな側面もある反面、夢を叶える道具でもあるのです。

"夢＝テクノロジー"を良い面に使うか、悪い面に使うかは、人類に課された運命です。

運命は運ぶ命と書くように、自分の力で運び、動かすことが可能です。だからこそ、テクノロジーをどう活用するかは、1人ひとりの手に委ねられていると言えます。

また、ロケットと同様に、産業革命以降、人類は目覚ましい発展を遂げ、自動車、飛行機、船、鉄道をはじめ、電気やコンピュータなど、便利なものを数多く生み出してきました。

便利になった反面、やはりそのお陰で失われたものもたくさんあります。

しかしながら、現代社会に生きていて、「200年前に戻りたい」「数千年前の生活を送りたい」と言う人はほとんどいないでしょう。

もしもそう願う人がいたとしても、現代を生きている人が、過去に戻って生活を営むなど、実際のところできないと思います。

例えば、あなたはスマホのない世界が考えられますか？

きっともう、スマホのない生活など、想像すらできなくなっているでしょう。無自覚のうちに、どっぷりテクノロジーにはまっているのです。

では、スマホは誰かを直接的に殺す道具になっていますか？

戦争の道具どころか、99・99％は平和裡に活用されています。生活を豊かにするため、平和に暮らすために利用している人がほとんどでしょう。

きっとスマホの開発者も、ここまでスマホのユーザーが増え、使い方、可能性が広がっているとは、当初想像もしていなかったはずです。

だからテクノロジーが悪用されるという発想は、もう捨てませんか？

ＡＩが普及し、「ＡＩは善か、それとも悪か」みたいな論争がありますが、私はそうじゃないと思っています。

AIが善か悪かという論争など、するだけ無駄です。なぜなら、人間はわからないものに対して、難癖をつけたがる生き物だからです。

例えば、歴史を振り返ってみたときに、悪だと言われてきたものを思い浮かべてみてください。

馬車や人力車から自動車になったとき、鉄道や飛行機が誕生したとき、人々は何と言ったでしょうか。

「自動車になると交通事故が増えて人口が減る」

「あんなに固い鉄の塊（飛行機）は落ちる」

など、極論にはなりますが、ネガティブな意見が数多く挙がったと言います。しかし実際に、そうした予想が当たった試しがあったでしょうか？

基本的に、人間の心は善に基づいて動いています。ですから、必ずしも悪に進むわけではありません。その可能性を進められるのも人間だし、その可能性を信じられるのも人間です。

だから夢（＝テクノロジー）を拒否するのではなく、はたまた未来への進歩を拒絶するのではなく、人類の進歩を信じ、未来を信じることが肝要なのです。

銀河鉄道999の鉄郎の最後を知っていますか？

あなたは、『銀河鉄道９９９』を知っていますか？

漫画家・松本零士氏が描いた『銀河鉄道９９９』の主人公・星野鉄郎は、両親を亡くし、永遠の命（＝機械の身体）を求めて謎多き美女・メーテルと共に終着駅アンドロメダを目指し９９９号で旅をします。

長い旅の中で鉄郎はさまざまな経験をして、強く、逞しくなっていきます。そしてとうとう、機械の身体をタダでくれる惑星に到着します。

しかし鉄郎は、機械の身体になって永遠に生きるよりも、限りある命を精一杯生きることが大事だと気づき、人間であることを選択します。

私は主人公の鉄郎の出した答えに共感しました。いくつもの惑星を旅していく中で、さまざまな価値観に触れ、ロボットの命が永遠に続いていく苦悩を見聞きもしたのでしょう。ロボットとは異なり、人間は弱くて、もろくて、命に限りがある生き物です。けれども、人間は生きていることに価値を感じられるのです。命に限りがあるから、「一日一日を一生懸命に生きよう」。そう思えるのです。

ロボットのように、永遠の命を得てしまうと、限りある人生ではなくなります。

つまり人間は、命があることに価値があり、限りある時間の中で一生懸命生きようとするから、はかなく美しいのです。テクノロジーが発展した未来であっても、それは同じではないでしょうか。

テクノロジーが発展して便利になった世界では、人生や人間そのものを見つめなおすことによって、「人間は、人間らしくあるから幸せなんだ」と価値があることに気づくはずです。

そもそもテクノロジーは、人間の可能性や能力をサポートするものであり、そのテクノロジーが人間の生き方の主軸になるわけではありません。

あくまでもテクノロジーを活用した便利な道具を使って、自分の人生の可能性を伸ばすためにあるのです。

ですから、その人自身が得てきた経験や知識が生涯の軸になるところは、これからも変わらないでしょう。だからこそ、テクノロジーを受け入れ、利用し、より豊かな人生を歩もうと私は言いたいのです。

新しい時代の発展を明るいものとして捉えて、さらに良い世界、世の中になることを信じていけば、素晴らしい未来が待ち受けているでしょう。

テクノロジーの発展により人間の可能性はより拓《ひら》けていきます。

ベーシックインカムで働かなくても良い時代がやってくる

テクノロジーの発展により、あなたの仕事のやり方、仕事に費やす時間は変わってくるかもしれません。本書を読んでくださっている読者の多くは、誰かから賃金をもらって生活をしていることと思います。

その給与体系、働き方は、この先どんどん変わっていきます。

それは、AIによって、奴隷的な働き方をしてきた人たちが解放されるからです。すなわち、時間や肉体を切り売りしている時代は、もう終わりに近づいていているのです。

政府も、「AI失業社会」を想定し、近い将来、テクノロジーの進化により労働が機械に置き換わることで失業者が急増するという予測を立てています。

そのことから、ベーシックインカム（※97ページの注参照）を検討する動きがあります。もしベーシックインカムが施行されれば、あなたは働かずに暮らせるようになるのです。そのためには、テクノロジーがもたらす〝働き方改革〟の波に乗る必要があります。テクノロジーを利用して、より豊かな生活、価値観を持てることを信じて受け入れましょう！

なぜなら、テクノロジーの進化を他人事として捉えて拒絶すれば、間違いなくあなたは時代の波に乗り遅れ、金銭的にも精神的にも辛い状況に陥るからです。

「テクノロジーが進化して未来は変わるかもしれないけれど、俺は変わらない」

もし、そんなふうに思い込んでしまっているのなら、それは所属している会社から与えられた価値観や、過去に受けた教育によって植えつけられた価値観が影響しているのかもしれません。

しかし、そうした思考は、テクノロジーの進化によっていくらでも変えられます。いいえ、変わらないといけないのです。変わらなければ、あなたの心身と経済状態は疲弊の一途をたどるでしょう。

だからこそ、テクノロジーの進化を知り、テクノロジーの変化を受け入れていく必要があるのです。ときにはその変化に気がつかずに、否応なしにテクノロジーのほうからあなたに迫ってくるかもしれません。

それを想定して受け入れる覚悟が持てるか、それとも古い価値観に囚われたままかでは、先々に大きな差が出るでしょう。

「自分にはできない」と思うのではなく、「自分でもできる」「自分は今の状態から変わっていける」と信じることが大切です、

今だって、何の違和感もなく、あなたはスマホを日々利用していますよね？「好き」とか「嫌い」とか、得手不得手など関係なく、当たり前のように実は利用しているはずです。そのくらい自然に、あなたはテクノロジーを受容できるのです。

朝起きてコーヒーを飲み、食事をするのと変わらないくらい自然に生活の中に入ってきて、知らぬ間に世の中を良くしていきます。

物事の価値観が変わることは、決して悪いことではありません。新しく便利な生活が訪れるとポジティブに捉えて、どんどん受け入れていくと必ず良いことが起こるでしょう。

ドラえもんはあなた自身だった

あなたはドラえもんがのび太と暮らすようになった経緯を知っていますか？

ドラえもんは2125年2月時点で小学4年生のび太の玄孫《やしゃご》（のび太本人から数えて5代目）、セワシが所有していた子守ロボットでした。セワシは、のび太の代に作った借金が約150年近くたった未来でも返済できないほど膨れ上がり、その負債を受け継いだため、貧乏な生活を強いられていたのです。そこでセワシは、ドラえもんをのび太のもとへ送り込み、野比一族の運命転換を図ったというストーリーがあります。

ふがいないのび太を、未来の玄孫が心配したことがきっかけでドラえもんは始まっているのです。

ちなみに物語上では困窮した生活を送っている設定ですが、映画『2112年 ドラえもん誕生』ではセワシはタワーマンションのような場所に住んでいます。22世紀は子守ロボットが子どもを育てる世界になっており、セワシも赤ちゃんの頃から小学生になるまでドラえもんに育てられ、補佐用ロボットのドラミもいるという設定です。添い寝をしたり、一緒に遊んだりと〝22世紀の子どもらしい生活〟を送っていました。

このように、テクノロジーが発達した22世紀には、借金があってお金がなくても、衣食住には困らず、子育てもロボットがしてくれるような世の中になっているという予測は、あながち外れてはいないでしょう。

その様子は、『ドラえもん』の数々の作品の中でも描かれています。

さて、私たちがよく知る漫画やアニメの『ドラえもん』では、のび太がいじめられたり困ったりしたときに、いつもドラえもんが道具を出して助けてくれるというストーリーですよね？　そして最後は、調子に乗ったのび太くんの我欲が増すことで、道具が壊れたり、不利益をこうむったりというオチで終わります。

一貫しているのは、「のび太はダメだ、できない」というところから始まっている点です。

これはどういうことかというと、道具は完璧な人のためにあるのではなく、どちらかというとのび太のような、困っている人、不器用な人のためにあるのです。

つまり、「自分がダメだ」と思っている人ほど、テクノロジー（道具）を活用すれば、より良い未来を創造していけるのです。

新しいテクノロジーは、人類がより豊かに生きるためのものです。

テクノロジーの発展により、人間がテクノロジーの奴隷になるわけではありません。人間が奴隷的に働く時代はもう終わりに近づいています。

ダメなのび太がさまざまな道具（テクノロジー）を使って、いかにラクをして生きるかを突き詰めてたどり着く先が、「働く」という概念のない世界に繋がっているのです。

もし、あなたが「働かないといけない」と思い込んでいるのなら、それは前時代的な考え方です。これからは、のび太のように、ときに悪知恵を使い、ときに道具を使い、その道具を使って夢を拡大していくことが、世間が求める「未来の仕事像」かもしれません。

未来の人間は、そのことを仕事とは呼ばず、趣味やレジャーと同じような、息抜きや楽しいものとして捉えている気がしてなりません。

仕事の在り方は、この先どんどん変わっていきます。奴隷のように働くことが、絶対に正しいわけではないのです。

人間には、動物としての本能が備わっています。働くのも、恋をするのも、喜怒哀楽や嫉妬もすべて本能に司られています。だから、本能に抗う必要はないのです。

人間は1万年前から動物であることには変わりありません。本能がある人間によって、素晴らしい未来も、好ましくない未来も作ってきたのです。プラスもマイナスもある……。それはやっぱり、人間が動物であることの証でしょう。

ドラえもんも同じです。ドラえもんはたくさんの人の役に立っていますが、ときとして、役立ちたいと願って出した道具でも、正反対の結果をもたらしてしまうことがあります。それには本能が作用していると言ってもいいでしょう。

このように、テクノロジーを活用することで、プラスがマイナスになってしまうこともあれば、マイナスをプラスに変えることもできるのです。

ですから、人間のマイナスの欲求やコンプレックスにも焦点を当て、それをプラスの欲求やポジティブなものに変換し拡張することが、次世代に必要とされるフェーズでしょう。

それは、テクノロジー（道具）によってもたらされる新たな未来であると同時に、大人でも夢が見られる時代の幕開けです。そんな未来が、あなたの目の前まで迫っているのです。

自己啓発本には載っていない「夢」の見つけ方

駅前の書店に行くと、さまざまな自己啓発本が並んでいます。

いかに〝やる気〟を起こすか。どうやって〝不安〟と向き合うかなど、さまざまな「心」にまつわる書籍が並んでいます。

しかし、それらの書籍は、表面的なものに過ぎません。読んだところで、根本的に何かを解決できるものではないからです。

人間にとって最も大きな原動力になるのは「夢」です。夢を見ること。夢を描くこと。夢の力には計り知れないものがあります。

ですから、さまざまな書物を読み、自分を奮い立たせようと思っても、それは一時的な効果に過ぎません。

「じゃあ、どうやって夢に気づけばいいの？」と思われるかもしれませんが、それほど難しいことではありません。

自分がワクワクすることや、「こうなったらいいな」「あんなことができたらいいな」という妄想を、人は「夢」と呼ぶのです。

もしかすると、あなたが子どもの頃に見た『ドラえもん』のアニメの世界に、あなたの夢があるかもしれません。

約２０００個あると言われるドラえもんのひみつ道具の中で、あなたは何が一番好きですか？　この道具なら、こんなふうに利用してみたいな、自分ならこんな遊び方をするだろうな、など、幼いあなたの脳裏には、さまざまな妄想が膨らんだのではないでしょうか。子どもの頃はただワクワクするだけの妄想だったかもしれませんが、その夢や妄想を実現させられるのは、大人になった今です。「夢」は、あなたの心と身体を突き動かす、大きな原動力となるでしょう。

夢こそ、人間を前に進ませる一番大事な原動力であり、何よりもそれを一番、大切にしなければなりません。

ですから、本を読んでも夢には気づけないのです。

試しに、幼少期の体験を振り返ってみてください。大人になるにつれ、良いことも、悪いことも経験してきたあなたは、視野と可能性を狭めてしまってはいませんか？　可能性は、幼少期の体験からもたらされることもあります。

当時は、幼稚な妄想や夢だったかもしれませんし、大人になった今、口にしようものなら、笑われてしまうかもしれません。しかし、もう一度、子どもの頃の夢や、あのワクワクする気持ちを思い出して、子どものような心で夢を描いてみましょう。

あなたが夢に気づき、その一歩を踏み出すことで、その瞬間から大きな可能性が広がるからです。

何をすれば儲かるのか。何を選べば自分のキャリアにとって都合が良いのかという考え方ではなく、純粋に自分の心が目指すものを見つけてください。

もしかするとそれは、新しいテクノロジーの世界にあるかもしれません。ドラえもんはその未来を指し示す羅針盤です。それは、世界の未来にも、あなたの未来にも同じことが言えます。

本書は、多くのテクノロジーの話にフォーカスしてきましたが、テクノロジーを駆使したドラえもんのひみつ道具を見てみると、人間の弱い部分や欲望を叶えていくものが非常に多いことに気づきます。

顕示欲や支配欲、独占欲といったもののほかに、そこには愛もあるでしょう。大人になってからドラえもんのアニメを見て、どこか心が癒やされるのは、そこに愛があるからです。

現代社会で凝り固まった思考の壁、思い込みの壁をあっさり壊す、それがドラえもんの存在です。

すなわち、ドラえもんのひみつ道具は、人間の心を解きほぐすものであり、はたまた拡張するものです。そしてドラえもんのひみつ道具は、実は、人間の心に根ざした願望を叶えるものが大半です。

テクノロジーの発展スピードが速すぎて、ときとして恐ろしくなることがあるかもしれません。けれども、結局は人間が人間である以上、心の部分に根ざすことは変わらないでしょう。

人間がより人間らしく生きるために、テクノロジーを活用できる時代です。だからあなたも、ドラえもんのように、新たなテクノロジーを使いこなせる未来人になれるのです。

ドラえもんになれた私が四次元ポケットから出したもの

2015年にTBS系で放送され大ヒットしたドラマ『下町ロケット』をご存知ですか？下町にある小さな工場が、世界の最先端ロケットの一番大事な部品を作るというその開発秘話と、人間ドラマが描かれていました。

私は、熊本県で年商10億円の車のバッテリーの会社を経営しているのですが、まさにこのドラマと同じような苦労と人間ドラマを経験しました。

実家の倉庫でバッテリーの実験を毎日、朝から夜遅くまで行い、何千個のバッテリーを充電したり放電したりしながら、テック（技術）と戦いました。

数え切れない失敗を重ねた後、とうとう中古のバッテリーでも新品同様に再生することができるようになりました。

あのときの感動は今でも忘れません。

当時はお金がなくて6畳1間の仏間からのスタートでした。

仕事が軌道に乗っても移ったのは実家のガレージでした。

今、世界中で200カ国、どんな田舎や地方であってもスマホが普及していますが、まさにジョブズと同じようなベンチャーの小さな起業からスタートしたのです。


私がテクノロジーに興味を持ったのは、2歳のときです。

2歳のときに親から誕生日プレゼントとして全100巻の百科事典をもらいました。当時の値段で約30万円。この百科事典が私のお気に入りとなり、本の背表紙が外れるくらい愛読しました。

もう1つ、興味があったのがパソコンです。

5インチのフロッピーディスクが入るパソコンで、こちらもすぐに使いこなせるようになりました。

私は百科事典に描いてある絵から、21世紀の未来はどうなるだろうという憧れを抱いて育ちました。そして、パソコンをオモチャにして成長する過程で、人間の生活が本当に『ドラえもん』の世界のようになり、多くの人が幸せになることを疑いませんでした。

小さい頃から私の夢は、ドラえもんになることでした。

ドラえもんが大好きで、母親にドラえもんの四次元ポケットを油性のマジックで書いてもらった白いTシャツが、特にお気に入りでした。

「叶わない夢はない」と幼心に思っていました。

ドラえもんのポケットからは、これまで2000種類以上のアイテムが出てきていますが、私が経営者として選んだのは、バッテリーです。

私の仕事は新しいエネルギーを作り出すことです。

私が尊敬するジョブズは「テクノロジーの力で宇宙にインパクトを与えるような仕事をしよう」と言いました。そして、実際にスマホを作り出し、そのスマホの力によって、世界中の人々の文化が変わり、生活様式が変わり、暮らしが豊かになり、地球上の距離が一気に近づきました。

テクノロジーが時代を変えたのです。

その力をこの本を読んでいるみなさんに再認識してもらいたいのです。

例えば、何も考えない人はテレビをつけても、ただ流れる映像を見て時間を過ごしてしまっています。

しかし、その技術を当たり前とは思わず、すごいと感じる人だけがテクノロジーの未来の夢を掴むことができると私は思っています。

テレビの画面もブラウン管から液晶画面に変わり、さらに時代は４Ｋ、８Ｋの時代になっていこうとしています。

夢を叶える力は受身の人にはやってきません。

技術を活用した新しい発想法でビジネスチャンスに気づき、そして、それを自ら取りに行く人しか成功は受け取ることができないからです。

20年前、ＩＴ革命の時代がやってきて、さまざまな技術を活用して起業した人が次々と成功し、上場をしました。

同じように今、テクノロジーの時代がやってきて、「テック革命」がスタートしました。テクノロジーが私たちの人生のすべてを変える時代になりました。そして、世界中が変わっていくという実感を持つ人だけが、これからの世界の流れに乗れると感じています。

ドラえもんの存在を信じる大人が現在と未来を作ってきた

よく、インターネットで取り上げられるニュースで「日本の未来はない」「日本は終わった」といった話題を目にすることがあります。

本当に、日本は終わっているでしょうか?

そんなことを考えるより、かつての日本を思い出してみてください。

世界に名だたる日本企業のトヨタ自動車、ソニー、パナソニック、本田技研工業（ホンダ）は、戦後の荒廃から立ち上がり、あそこまで成長した会社です。

終戦当時、世界を動かすような何十兆円の会社が生まれてくるなんて、誰が想像したことでしょう。インターネットやスマホがなかったどころか、飛行機もまだ一般化していなかった焼け跡の時代に出てきた会社なのです。

それから約70年を経た現在は、インターネットが普及し、飛行機などの輸送手段も発達し、いつ、どこにでも行けるようになりましたし、有名人や著名人、一流の人ともすぐに会えるようになりました。

個人でも、一流企業と仕事ができる時代です。誰がそんな未来を想像したでしょう？

これだけ恵まれた環境で、夢を叶えられないわけがありません。戦後よりもはるかに夢を叶えやすくなっている時代であり、その背景にはさまざまなテクノロジーが寄与しているのです。

何より、戦後の約70年は、日本とアメリカの時代でした。日本とアメリカが常に経済のトップを牽引し、国内総生産（ＧＤＰ）も１位、２位を独占してきました。

けれどこれからは、インドやアフリカ、ブラジル、ロシアなどにも商圏が広がります。アメリカと日本の人口を合わせても約４億６０００万人ですが、これからは世界の77億人が商売相手になります。

日本語は、他の言語とは異なり、なかなか海外に進出しにくいという特性があります。

そのうえ、日本は戦後の経済成長で急速に発展したため、内需型の指向が強くなっているのです。加えて、国内総人口の減少に比例して経済はシュリンクしていくため、日本はどんどん弱気になっています。

しかし、世界を見渡してみれば、経済は拡大し、お金が増えているのも事実です。

一方で、世界にはまだ、電気も水も通ってない国が多くあります。それらをより充実した世界に変えていくのは、次の世代の使命です。

日本の国内で、ないもの、不便なものを見つけるのは難しいかもしれません。でも、世界の大半の人々が貧困に悩んでいる現実があり、その格差は今後ますます広がるでしょう。

かつての日本も同じです。戦後の日本の経済成長は、安い人件費による〝ものづくり〟が支えてきました。安い人件費で、安い材料で良いものを作って世界に売るという単純なビジネスモデルが、70年も続いてきたのです。

しかし、そのビジネスモデルは終わりを迎えています。なぜなら、より安価な中国、インドへと〝ものづくり〟が流れ、先進国であったアメリカの三大自動車企業である、ゼネラルモーターズ（GM）、フォード・モーター、クライスラーですら失速し、その中心だったデトロイトの町も衰退してしまったのです。

より安いほうへ、〝ものづくり〟がシフトされていることを考えると、そこに日本の未来はありません。

日本が進むべき未来は、〝ものづくり〟ではなく、ITとテクノロジーの融合です。それは、新しいもの同士の組み合わせかもしれませんし、従来からある既存のものと、ITやテクノロジーを組み合わることによって、新たに生まれるものかもしれません。

これから、ITとテクノロジーにより、新たな世界が広がります。そして世の中は、必ず激変していきます。

世界中で、新たなテクノロジー革命が起きはじめています。これだけ満たされ、充実した日本にいると、その不便さに気づかないかもしれませんが、海外ではその恩恵にあずかって、生活や暮らしが一変してきている人たちがたくさんいます。

日本以外の国や地域に目を向ければ、まだまだ大きな可能性があります。この世界の進歩、人類の進化を信じられる人こそが、これからの世界を変えていける人になるでしょう。

あとがき

1979年4月2日にスタートしたテレビ朝日系列のアニメ、『ドラえもん』の第1話として放送された、「ゆめの町、ノビタランド」をあなたはご存知ですか?

この春、『ドラえもん』の放送40周年を記念し、現レギュラー声優陣でリメイクされたので、ご覧になった方もいるかもしれません。


「ゆめの町、ノビタランド」は、遊ぶ場所がなくて困ったのび太が、子どもたちだけのミニチュアの町を作り上げるお話。のび太が、「いつ、どこで、何をしても、誰にも何も言われない、ボクだけの町、自由な世界が欲しいなぁ」と嘆いたことから、ドラえもんが四次元ポケットからひみつ道具の「インスタントミニチュアせいぞうカメラ」を取り出します。

このカメラで写すと、カメラから本物そっくりのミニチュアが出てくるというアイテムで、2人はさっそく、いろいろなお店や建物、公園などを写してミニチュアを作り、自分たちだけのゆめの町「ノビタランド」を作るのです。そして、ほかの子どもたちも誘い、「ガリバートンネル」で小さくなって遊ぶというお話です。

「いつ、どこで、何をしても、誰にも何も言われない、ボクだけの町、自由な世界」

私はこののび太のセリフこそ、本書で伝えたかった一番のメッセージだと思っています。テクノロジーが進化して今ある仕事を奪うのではなく、テクノロジーを活用すれば、子どもの頃に描いた夢、世界観をリアルに再現できます。あなただけの「ノビタランド」を手にすることができるのです。

レゴブロックで町を作るように、自分の世界を自由に作れる未来が、もう目の前までやってきています。現在の生活に不満がある人、さらなる充実を願う人、みんなが自分の好きな生き方を選べる時代に来ているのです。

だからあなたも、何も恐れず、テクノロジーの力を利用して、あなたに幸福をもたらす町「ノビタランド」の建設を今から始めてみませんか？

吉角裕一朗（よしかど・ゆういちろう）

株式会社吉角　代表取締役（旧社名：益城電池）。1982年、熊本県生まれ。高校卒業と同時に上京し、格闘技の高田延彦道場の門を叩く。ケガで格闘家の道を断念。東京・高円寺で専門学校に通いつつバイト生活。24歳で熊本に帰る。その後、世の中のあらゆる最新テクノロジーについて研究。次々と誕生する「テック（技術）」を既存のビジネスに組み込み、成功した事例について知見を広め、自らも実践する。テックをヒントにした最初のビジネスとして、自動車の再生バッテリーのインターネット通販事業を開始。その後、蓄電システムや工事現場用バッテリーのレンタル事業などを行い、次々と成功させる。さらには、ビジネスのフィールドを海外に拡張。ベトナムを中心にアジア各国、アメリカやヨーロッパと取引を開始。現在、年商10億円。人生のビジョンは「テック（技術）」を活用した人の幸せ作り。著書に『まだ、都会で貧乏やってるの？』（学研）などがある。

「まだない仕事」で稼ぐ方法

2019年10月10日　初版発行
2019年11月2日　2版発行

著　者　吉角裕一朗
発行者　佐藤俊彦
発行所　株式会社ワニ・プラス
〒150-8482 東京都渋谷区恵比寿4-4-9 えびす大黑ビル7F
電話　03-5449-2171（編集）
発売元　株式会社ワニブックス
〒150-8482 東京都渋谷区恵比寿4-4-9 えびす大黑ビル
電話　03-5449-2711（代表）

ブックデザイン　前橋隆道　進藤航
出版プロデュース　天才工場・吉田浩
編集協力　潮凪洋介　佐藤文子

印刷・製本所　中央精版印刷株式会社

　ISBN 978-4-8470-9832-1
ワニブックスHP https://www.wani.co.jp